张旋◎著

小美闯关做出纳
美丽的会计人生①

图书在版编目(CIP)数据

小美闯关做出纳 / 张旋著. —上海：立信会计出版社,2016.6
ISBN 978-7-5429-4948-6

Ⅰ.①小… Ⅱ.①张… Ⅲ.①会计学—通俗读物 Ⅳ.①F230-49

中国版本图书馆 CIP 数据核字(2016)第 075137 号

策划编辑　蔡伟莉
责任编辑　蔡伟莉　何颖颖
封面设计　南房间

小美闯关做出纳

Xiaomei Chuangguan Zuo Chuna

出版发行	立信会计出版社		
地　　址	上海市中山西路 2230 号	邮政编码	200235
电　　话	(021)64411389	传　　真	(021)64411325
网　　址	www.lixinaph.com	电子邮箱	lxaph@sh163.net
网上书店	www.shlx.net	电　　话	(021)64411071
经　　销	各地新华书店		
印　　刷	上海万卷印刷股份有限公司		
开　　本	710 毫米×960 毫米　　1/16		
印　　张	13.25		
字　　数	183 千字		
版　　次	2016 年 6 月第 1 版		
印　　次	2016 年 6 月第 1 次		
印　　数	1—6000		
书　　号	ISBN 978-7-5429-4948-6/F		
定　　价	36.00 元		

如有印订差错，请与本社联系调换

多年以前填写高考志愿的时候,我问长辈,什么专业好?

大家都一致回答,当然是财会专业啦。学完财会专业,毕业之后做个会计,工作稳定,待遇OK,对女孩子来说再合适不过了。

于是,我选择了会计系。

毕业多年之后,发现就业市场确实如长辈们所言,财务是个相较于其他行业来说,更稳定,更受尊敬的工作。但是,也无法忘记求职时眼馋这个行业却难以入场时的尴尬。

近些年大学生的就业形势越来越严峻。很多时候,对于心仪的岗位,应聘者总是因这样或那样的原因而失之交臂,而横亘在应聘者和那份工作之间的鸿沟,除了学历之外,最重要的一点便是经验。

曾有在找工作的学妹向我哭诉:"每份工作HR都说要找有经验的,但我就是一个应届毕业生,我哪里有经验嘛!"

这就是个悖论了。

企业想找有经验的员工,有经验的员工看不上只适合菜鸟的基础工作,想做那份基础工作的应届生却不被用工单位看好……

当想到这些的时候,我产生了写一部"杀入"职场技能书的想法。

企业为什么要找有经验的员工?其实也很好理解,从招聘方的角度想,他们无非是希望招到的员工可以直接上岗,省掉培训的人力成本。

在美丽的会计人生之《小美闯关做出纳》这本书中,我将自己多年总结的实务操作经验和职场处事之道融入小美的故事

前言
FOREWORD

中,向读者讲述了初入职场需要注意的问题、出纳的基础知识和实务技能。让读者迅速从一位职场小鲜肉演变为久经"战场"的会计达人。让死记硬背的知识变得更生动,更精彩。

这就是我的初衷——如果你想应聘出纳岗位的话,看完这本书,HR问你实操相关问题的时候,你不至于一头雾水。如果你应聘上了出纳岗位却不知该做什么的话,看到这本书,看着小美的经历,你定然会能得到些许启发。

那样,我便了无遗憾了。

第一章　迷惘！一切都要重新开始 ················· 1

没有最优，只有最适合自己的职业规划 ················· 2
人生就是场"借"与"贷" ················· 5
出纳初体验 ················· 7
十个数字的门道儿 ················· 11
数钱是门技术活儿 ················· 17
出纳不是会计，这么狭隘你老师知道吗？ ················· 21
出纳也念经 ················· 27
陈年老账如同史书般珍贵 ················· 31

第二章　奋起！为了梦想绝不放弃 ················· 41

保险柜里莫不成都是真金白银 ················· 42
费用报销业务未必这么轻松 ················· 45
爱情是生命中的"取现补库存" ················· 51
送交支票 so easy ················· 57
悲催，自掏腰包的出纳 ················· 61
给库存现金进行"大扫除"吧 ················· 65
老"纳"我指日可待 ················· 70
"会计男"与小金库 ················· 75
财务章是牛郎，法人章是织女 ················· 79
预支备用金没你想的那样简单 ················· 84

第三章　挫折！人生低谷勿忘阳光 ················· 93

爱人好比基本户，闺蜜堪比一般户 ················· 94
将"小三"的念头扼杀在襁褓中 ················· 100

目　录
CONTENTS

祸从口出，不要让嘴给身子惹祸 …………… 110
理想与现实就是有那么一点点误差 …………… 116
未达账项是"罪魁祸首" …………… 120
"瘸腿"账，那条腿哪去了 …………… 124
祸患无穷的"零" …………… 128

第四章　奋起！离梦想只差一步 …………… 135
银行其实是个"保媒人" …………… 136
爱情如汇票一样也如期而至 …………… 144
幸运之神永远眷顾懂得付出的孩子 …………… 152
几乎等同于银行存款的本票 …………… 164
企业间业务结算的三驾马车 …………… 170
坑爹的电汇事件 …………… 173
国际业务，我们时刻准备着 …………… 176
本币与外币业务融会贯通 …………… 181
电影常有，赚钱机会不常有！ …………… 187
离开财务部非我所愿 …………… 191

第五章　抉择！为了爱情决定辞职 …………… 199
意想不到的无奈辞职 …………… 200
选择离开，必然的交接 …………… 202
有羽毛的孔雀终有开屏的一天 …………… 204

第一章

迷惘！一切都要重新开始

会计的职业规划

熟悉出纳工作环境

熟知出纳的核心工作内容

点钞的技巧

财务大写数字的书写

会计人参与的各类考试

出纳三字经

内部牵制原则

出纳与会计的区别

登记账簿的要求

用红字记账的专属事项

账簿知识

通过本章，小美掌握了如下技能

 ## 没有最优,只有最适合自己的职业规划

连我自己都没有想到,走向社会获得的第一个称谓便是"北漂"。这一既时尚,又无奈,同时透着几分心酸的"种群"归类。

我叫王美丽,平时朋友们都叫我小美。

六月是栀子花开的时节,可是艳丽的花开却难以消解我内心的愁苦。这是因为,我已大四,工作没有着落的我马上被扣上"北漂"的帽子。

四年的时光匆匆而逝,如抓不住的流沙,从指间流走。正如青春,如何挽留她都会凝固在人生的某段时光中,像电影的胶片,只可作为回忆的影像。

同学当中最有闯劲的应该是宿舍老大,她从大三就开始对自己的未来做着打算,形成较为成熟的职业规划。

她理想目标是进四大会计师事务所(世界上著名的四个会计师事务所:普华永道、德勤、毕马威、安永),即使没能进入"四大",她也要努力钻入会计师事务所做一名审计,而且考取注册会计师。

她觉得审计工作见多识广,而且未来职业前景广阔,即使不想做审计了,也可以应聘其他公司做普通会计或者是财务负责人(图1-1)。

老大的职业规划尚可,并且得到我们班主任的初步认可。不过老师对她也有过提醒,做审计虽然接触公司多,见的账多,可

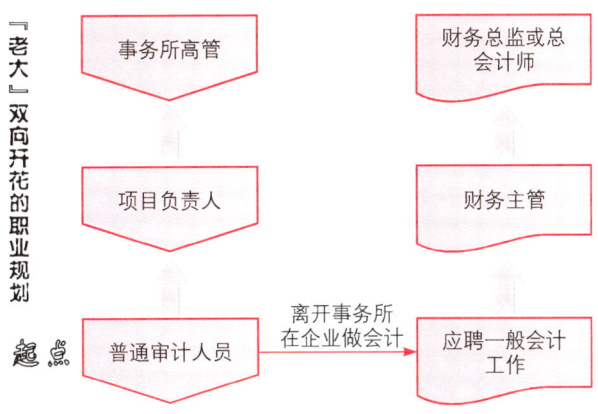

图 1-1 "老大"双向开花的职业规划

并不等同于你就可以胜任这些公司的会计。毕竟"看"与"亲身经历"是两个概念。如同看电影与现实的经历，其汲取的感受不尽相同。

宿舍老二则完全不同意老大的观点。她觉得事务所工作是"非人类"的，工作超负荷，而且心理压力大，要处理方方面面的关系。我们一位学姐目前就在一家大事务所上班，工作至深夜是常有的事。老二可是班里的"睡神"，皮肤超好，为了自己的容颜，老二绝不会去做审计。她的想法是先去企业做会计，第一年对薪酬没有太强烈要求，主要是获取经验。经验对会计而言是最大的资本。然后通过不断跳槽，提高薪酬。再通过三至五年的努力，采取轻"薪酬"重前景的战略，找到最适合自己的公司、最适合自己的岗位（图 1-2）。

她们姐俩的职业规划各有特点，我觉得都很好，因此我也陷入迷茫，不知道该走哪条路。临近毕业的时候，班主任与我谈心，她告诉我，任何一种职业规划都不要轻易地下结论"对"还是"错"，问题的关键是要寻找适合自己的。所以首先需要解决的问题不是未来做什么，而是自己想要什么，适合什么。

思来想去，我还是选择了老二的职业规划。我觉得在毫无实操经历的基础上就去做审计，对我的挑战确实太大了。毕竟审计和会

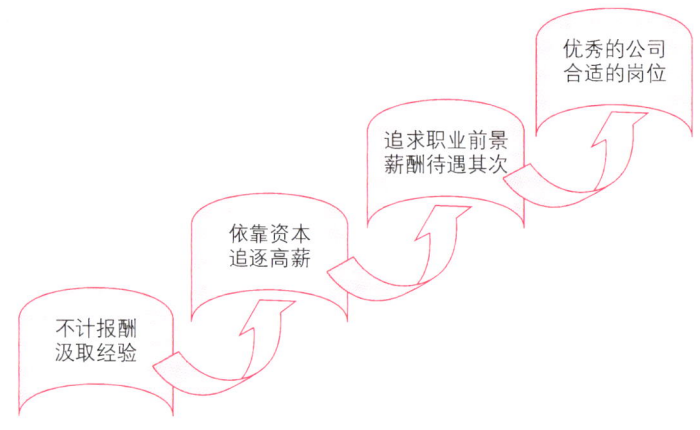

图 1-2 "老二"重前景的会计职业规划

计的出发点不相同。除非像老大,现在就打定主意,做一辈子审计也无妨。我的理由如下:

(1) 毕业后的两年内是黄金时期,迅速进入公司接触会计实务,可以对接过往的理论学习,尽早进入角色。

(2) 年轻人初入职场,最大的资本是年轻,最大的欠缺是经验与资历,因此职业规划需要有取有舍,厚此薄彼,突出重点。补足经验与资历是准会计人最明智的选择。

(3) 会计本身就是一项注重实操的工作,理论成绩再优异,若没实账基础,即便是会计老师也很难轻易胜任某些企业的会计。

(4) 没做过会计就去审计,会做很多无用功。终究一口吃不成胖子。

就这样,犹豫之中我错过了找工作的最佳时机,为了证明有能力养活自己,我不顾父母的反对,毅然决然留在北京,为自己的未来打拼。

当我把一本本会计书收入行李箱的时候,内心泛起层层波澜,大学四年来,我从未对这些会计专业书有什么好感,可此时此刻,我视它们如珍宝。

望着这些陪伴我大学历程的专业书,心境颇为复杂,未来该如何我有些茫然了。

 ## 人生就是场"借"与"贷"

宿舍老大张丽如愿以偿,经过层层选拔,脱颖而出,顺利在一家大型会计师事务所工作。她准备和我一起在北京租房。不过由于我还在苦命找工作,租房的事情便由老大来完成。张丽在北京找了一处三室,因之前三个合租人,其中两个不再继续租下去了,因此空出两间房。

会计人或许都有职业病,做什么事都先考虑"成本",另一位合租者虽是男生,但他愿意承担整套房40%的房费,我与张丽各自承担30%即可,因此张丽便被这样的"优惠"打动了。

毕竟有宿舍老大在,况且这房租得超值,我也就不介意另一位租户性别了。只是张丽与中介将房租合同签妥后,便接到总部要求,去上海审计。一去便是数月。

搬家那天恰好是周日,由于我不仅要搬自己的箱子,还有张丽的东西。与我们合租的那个男士钱宇凡还很热心,帮我拎行李箱。只是我的箱子不争气,上楼的时候,不堪重负的箱底漏了一个大洞,里面的书都掉了出来,可谓是满地"会计学"。

《基础会计》《财务会计》《税法》《税务会计》《高级会计学》和《财务管理》等等。

为了"减负",我告诉钱宇凡,这些书不要了。

这位高大帅气的小伙略显惊讶地看着我说:"怎么能不要呢?以后兴许要用到呢?"

"唉……"我长叹了口气,玩世不恭地说,"现在我没有心情看书了。"

钱宇凡说:"你是刚毕业的学生吧?怎么能这样消极。你找到工作了吗?"

我摇了摇头。

"未来有没有方向呢?"

我亦然摇了摇头。

"你看看,这些书多新啊。这《基础会计》跟没用过一样,里面一点笔记都没有。"

从钱宇凡的话语,我隐隐约约感觉他对这些东西似乎很在行。他随手翻了一页,指着书中的内容问:"你知道借贷记账法吗?"

这有什么不知道的,会计借贷记账法是以"借"、"贷"为记账符号,对每项经济业务都以相等的金额在两个或两个以上有关账户进行记录的一种复式记账法。比如说现金,"借"表示资金的流入,"贷"表示资金的流出。

钱宇凡继续问:"那你知道借贷记账法的口诀吗?"

"有借必有贷,借贷必相等!"我脱口而出。

"小美,虽然是第一次见到你,但感觉你很消极。可是人生就好比是一场借贷关系!有借必有贷,借贷必相等!"

我对宇凡说:"人生如借贷关系,啥意思?难道你也是会计出身?"

钱宇凡直起了腰,掸了掸刚从地上捡起的《基础会计》。

"没错,我也是会计。"

"原来是前辈!"

"前辈谈不上,我是半路出家的。开始学的专业是经济学,后来因为不好找工作,我便自学了会计各类学科,考了注册会计师,现在在一家公司做财务负责人。"

"你真是牛人,我这科班出身的着实佩服你!"

"小美,其实我觉得人生就是付出与收获的过程。像会计理论一样,借与贷是相辅相成,一分耕耘一分收获。虽然会计是一门死人般的学科,可理论背后还是有很多世间哲理的。所以我觉得小美,你啊,应该振奋起来。不要消极。播种太阳,早晚会收获阳光的!"

钱宇凡的人生"借贷"理论深深打动了我,让我思考了好一阵子。

晚上我跟张丽通了电话,想跟她发发牢骚,唠唠今天搬家的事。虽然是晚上八点了,远在上海的宿舍老大还在各种 Excel 表格中穿梭呢。我也就闲话短说。

临睡前,我回味这位会计前辈的话,越想越觉得有道理。如果把人生看作是一种正能量,"贷"可以解释为付出,"借"则正是一种回报。晦涩难懂的借贷理论还暗藏着博大精深的人生哲理。与宇凡的初次见面,增添了许多的正能量。消解了许多因工作而带来的负情绪。

我想从宇凡的借贷理论开始,开启全新的生活。大脑萌生了毕业来的第一个会计分录:

借:幸福来敲门
贷:努力付出不放弃

 ## 出纳初体验

安顿下来后,我白天忙着找工作,晚上拿起书本。毕竟我的专业不能丢。会计既是一门学科,更是我未来立足这座城市的"技艺"。

将近一周,我四处找工作,参加了几次招聘会。投了无数简历,少有回音。我的愁容挂在了脸上,也让钱宇凡看到了。那天他得知我的近况后十分同情,思索了一阵后对我说:

"如果你不嫌弃,就来我们公司做个出纳吧。"

我没有听错吧,宇凡介绍我去他们公司工作:"你说的是真的吗?"

宇凡笑了笑,说:"没错,我们公司的出纳员赵姐还有两个月就要退休了,你可以先来我这里实习,等她退休后给你转正,而且

那时候你也完全有能力胜任这份工作了！明天是周一，如果你同意的话，可以和我一起去公司上班。"

那天晚上我几乎没怎么睡觉。虽然天气并不是很热，但面对突如其来的工作，既兴奋又不安。

第二天我化了淡淡的妆，怀着一刻忐忑的心情和钱宇凡去了他们公司。路上宇凡跟我介绍了公司的一些情况，该公司主要是生产教学仪器，同时也经营电脑耗材，甚至有一些国际业务，业务范围较广，很能锻炼人。

到了公司，宇凡先带我去人资部，履行一些必要的程序。随后他便带我去了财务部。

我原以为会计核算和出纳在一间屋子。实际上并非如此。财务室里面共有四个人，分别是：

管成本的张静；

做报表的陈琪；

税务会计裴敏；

以及管资产的黄丽丽。

四个人我一时分不清，大家向我问好，初入职场的我呢，只是傻笑、鞠躬，重复着说：请多关照，请多关照。

财务室还有一个工位放着打印机，我想可能那就是我的工作工位。

我正要过去放包，宇凡叫住了我："小美，来，跟我去出纳室认识一下赵姐。"

我尾随宇凡来到隔壁。出纳室安置了防盗门，而且走进去，窗户还有护栏，往房顶望去，居然还有个摄像头。不用问，这里就是现金重地了。

宇凡告诉我，出纳和会计不在一个办公室内办公。分开办公是因为彼此能相互监督，钱与账分开管理，更加安全。

走入出纳室内，我发现了好几样奇特的东西。它们分别是（图1-3）。

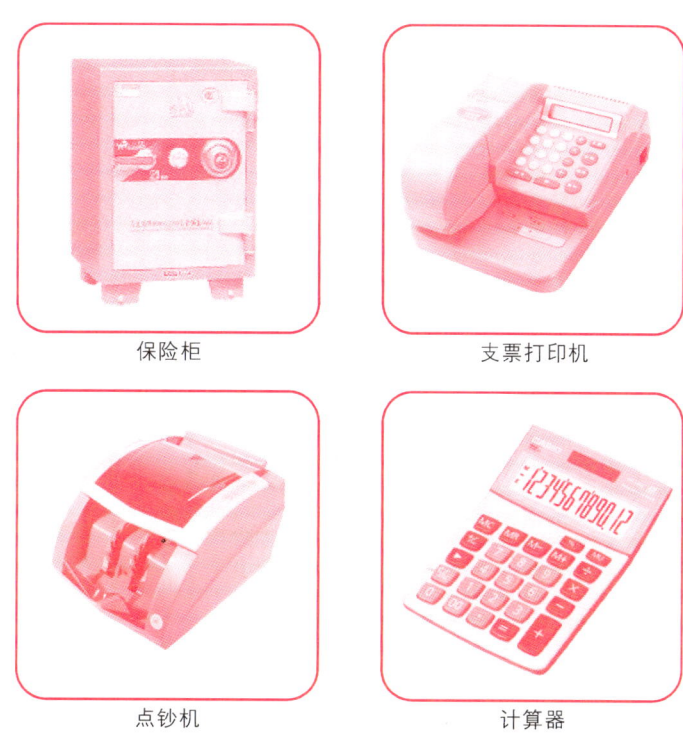

图 1-3　出纳常用设备

出纳室有柜台，感觉像酒吧一样。但是柜台上摆放着个小本本，上面写着支票登记簿（图1-4）。

图 1-4　支票登记簿封面

赵姐虽然已经五十多岁，但一点不显老，人还非常的和蔼。不过我还是十分紧张，不知道接下来我的工作到底要做什么。

宇凡因上午有事，将我介绍给赵姐后便离开了。走之前他嘱咐我要好好跟赵姐学技艺，希望我快些进入角色。

赵姐问了我一些情况，也介绍了下自己。她做了一辈子出纳工作，打趣地说，数钱数得头发都白了。

赵姐的开朗缓解了我紧张的心情。没过一会儿，我们的闲聊便因报销业务而终止了。

赵姐工作很麻利，而且相当细致，我注意到现金盒内不同面值纸币整齐地归放。即使是一角很烂的票子，赵姐也是放平整压在一起。

一天工作下来，赵姐又是取现金，又是填制各种表，又是开支票、收支票，我想帮忙，却又不知从何做起。而赵姐显然应对自如，思维非常清晰，有条不紊。

临下班的时候，赵姐终于得空跟我介绍了一些出纳的基本工作。我飞速记录，尽可能记录在我的小本本上。

出纳的日常工作主要包括货币资金核算、往来结算、工资核算三个方面的内容。

据赵姐说，对于出纳而言，最为重要的工作是货币资金的核算，其中包含六项核心工作（图1-5）。

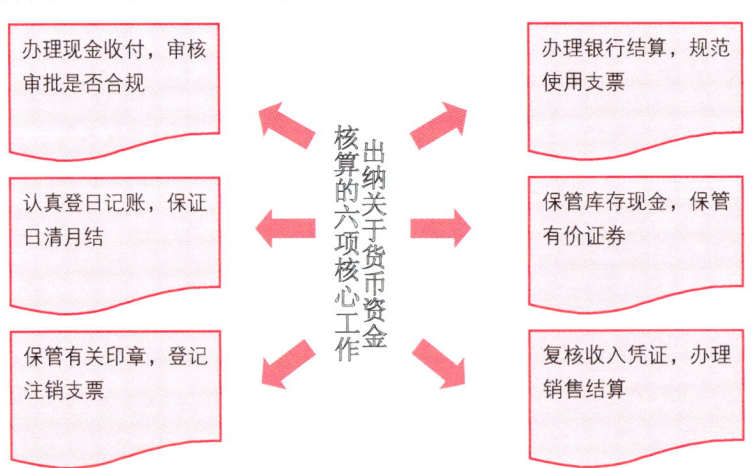

图1-5 资金核算的六项核心工作

除此之外，对于出纳而言还有两项工作不可忽视，一个是办理往来款项结算，另一个是工资薪金核算。

办理往来款项结算也是出纳的重头戏，大体包括如下内容：

(1) 企业与内部核算单位和职工之间的款项结算。

(2) 企业与外部单位不能办理转账手续和个人之间的款项结算。

(3) 低于结算起点的小额款项结算。

(4) 根据规定可以用于其他方面的结算。

(5) 对购销业务以外的各种应收、暂付款项，要及时催收结算；

(6) 应付、暂收款项，要抓紧清偿。

(7) 查明无法收回和无法支付款项原因，按规定向上级申请处理。

(8) 对预借的差旅费，要督促及时办理报销手续，收回余额。

至于工资核算，出纳主要做到三项内容即可，即执行工资计划、审核工资单据、发放工资、奖金。

十个数字的门道儿

第一天的工作结束后，我整个人都快懵了。钱宇凡问我工作的情况，我的脸皱得就像个苦瓜，一诉苦便如洪水破堤，根本停不下来。

而钱宇凡却一直耐心地听着，表情也是笑眯眯的。我有些不好意思，讷讷地说："我是不是有点不太能吃苦呢？"

钱宇凡摇了摇头，依然笑眯眯的："你一个女孩子，敢孤身一人在北京闯荡足以证明你很能吃苦。我觉得你这样挺好的，把不好的情绪发泄出来，就像打包转让掉不良资产，看起来掉价，其实都是为了企业更好的运行。我相信你明天肯定会有一个更好的工作状态。"

钱宇凡这么看好我，顿时就像给我打了鸡血，让我信心百倍。

第二天工作一开始，赵姐突然问我："小美，你知不知道一到十的大写怎么写？"

我点了点头，赵姐示意我写一遍，于是我大笔一挥，写上了：

壹、二、叁、肆、伍、六、柒、捌、玖、拾

赵姐一看就笑了，在白纸上圈了两圈（图1-6）递给我说："还说会写呢，你用字典查一下，看这两个字的大写是不是这么写的！"

赵姐圈的是"二"和"六"，"二"我知道肯定是有问题，这个字的大写写法我早就忘了，但是"六"怎么会错呢，难不成是"浏"？

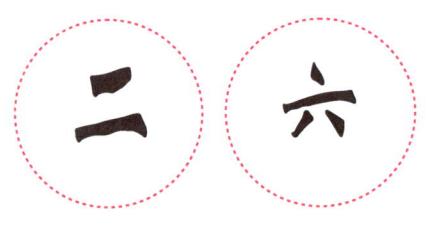

图1-6　"二"和"六"

我翻阅了一下字典，查了这十个字的大写写法。应该是：壹，贰，叁，肆，伍，陆，柒，捌，玖，拾。

原来"六"的大写竟然是"陆"，这个字念"lu"！

我这么想着，就嚷了出来，赵姐说："小美啊，'陆'是个偏僻的多音字哦！"

我感到有些惭愧："这些字生活中用不到，难不成我们财务工作要用啊？"

赵姐点了点头，随手拿了一张支票给我看（图1-7）。

她指着大写说："我们写收据，填支票，写支付证明单，都要大写。这是为了避免阿拉伯数字被人修改，保证财务的严谨性。不会写财务大写数字的人一定是个门外汉，会让人耻笑的。"

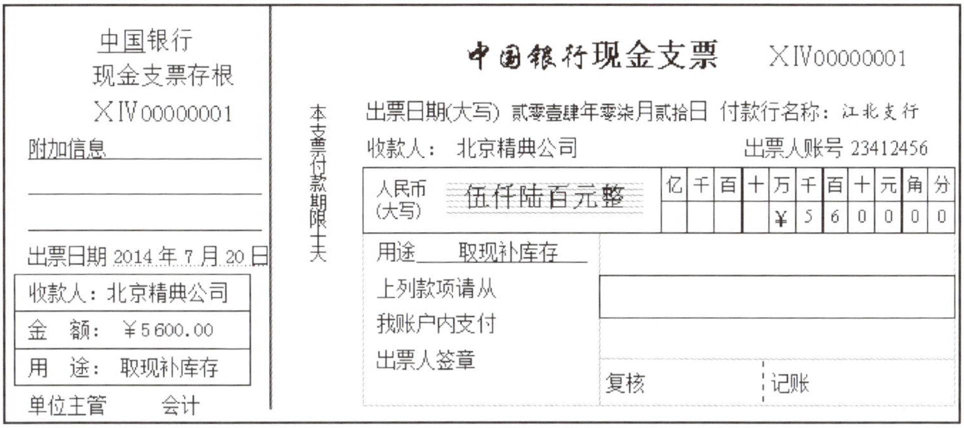
中国银行
现金支票存根
XⅣ00000001
附加信息
出票日期 2014 年 7 月 20 日
收款人：北京精典公司
金　额：￥5 600.00
用　途：取现补库存
单位主管　　会计

本支票付款期限十天

中国银行现金支票　XⅣ00000001
出票日期(大写) 贰零壹肆年零柒月贰拾日　付款行名称：江北支行
收款人：北京精典公司　出票人账号 23412456

人民币(大写)	伍仟陆百元整	亿	千	百	十	万	千	百	十	元	角	分
						￥	5	6	0	0	0	0

用途　取现补库存
上列款项请从
我账户内支付
出票人签章
复核　记账

图 1-7　支票图样

这时，我的脸已经红得不能再红了。真可谓是：大学不努力，工作徒伤悲。

我拿出一张纸，像小学生学写字一样，一笔一画工整地练习。

壹　贰　叁　肆　伍

陆　柒　捌　玖　拾

过了一会儿，赵姐看我很认真，给我端了杯水，让我心里暖暖的。

“小美，看你练了这么半天，我给你出几道题，看看能否写成财务的大写数字。”

我信心满满地准备“接招儿”。

赵姐在纸上写了三行数字：

325.00

325.20

325.26

写罢后，赵姐将笔递给了我，我开始一边读数字，一边将其翻译成财务书写方式。

325.00　　叁佰贰拾伍元

325.20　　叁佰贰拾伍元贰角

325.26　　叁佰贰拾伍元贰角陆分

赵姐望着我写的财务大写字，先是点了点头，随后又摇了摇头。让我摸不着头脑。

"小美，做会计就要严谨，一分钱的差错都不能出现。如果尾数不封口的话，嘿嘿……"

赵姐的话点醒了我，如果在"叁佰贰拾伍元"后面再填上几角几分，岂不是很简单，那如何才能"封口"呢？

"小美，可千万不要忘记'整'或者'正'，别低估了它们的价值哦！"赵姐拍了拍我的肩膀说。

赵姐所言极是，我立刻在刚刚写的财务大写后，加了"整"字：

325.00　　叁佰贰拾伍元整

325.20　　叁佰贰拾伍元贰角整

325.26　　叁佰贰拾伍元贰角陆分

赵姐看完我的修改后，点了点头，说：

"为了数字的严谨，在书写阿拉伯数字的时候，前面是不是也需要封口呢？"

没错！赵姐可谓是一语点醒梦中人。我忙抄起笔，在阿拉伯数字前标上非常夸张的封口标记：

　　¥325.00　¥325.20　¥325.26

除此之外，赵姐还给我详细介绍了数字书写时的一些注意事项，对我那是超级有帮助：

(1)"元"不可以写成"圆"。

(2)"角"不可以写成"毛"。

(3)"整"和"正"可以通用。

关于"整"(正)的用法也是很有门道:

(1) 中文大写金额数字到"元",在"元"之后应写"整"(正)字。

(2) 中文大写金额数字到"角",在"角"之后应写"整"(正)字。

(3) 中文大写金额数字到"分","分"后面不写"整"(正)字。

赵姐特别强调,不要小看"零",它也有自己的用法(图1-8)。

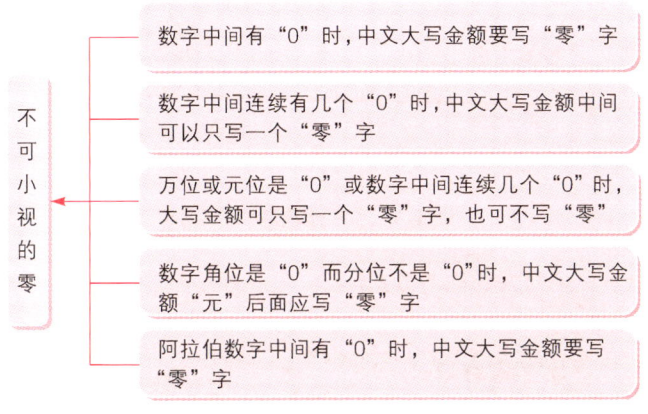

图1-8 不可小视的零

讲完了大写数字,赵姐还叮嘱阿拉伯数字不得连写,那样会让人看不清楚。她还抛给我一个非常有意思的问题:如果财务票据上,手写的阿拉伯数字与大写数字不符,以哪个数字为准呢?

我思量半天拿不定主意。最后赵姐告诉我,这种情况是要以大写数字为准的。

看来阿拉伯数字要写好十分关键。俗话说见字如面,如果能写一手好的阿拉伯数字,着实可以为自己增色不少,至少从形式上不那么业余哦!

随后,我请教赵姐写好阿拉伯数字的技巧,她给我讲了三个要点(图1-9)。

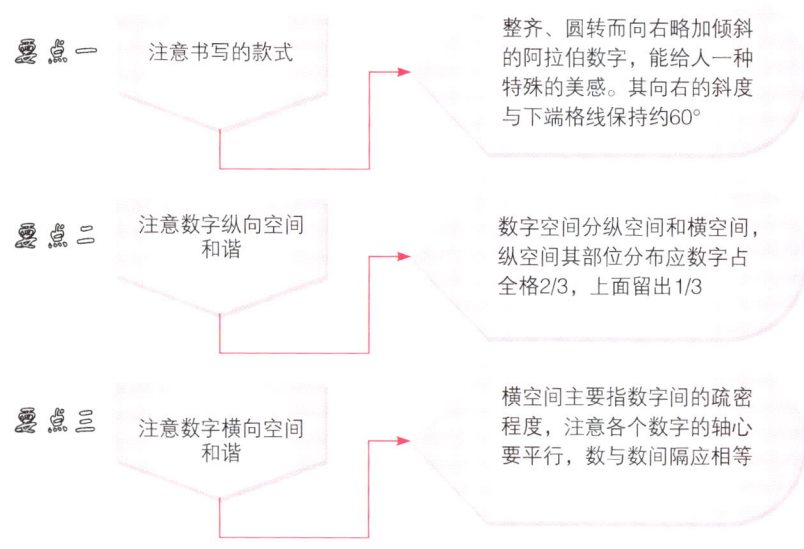

图 1-9 阿拉伯数字书写要点

其具体的写法如图 1-10 所示：

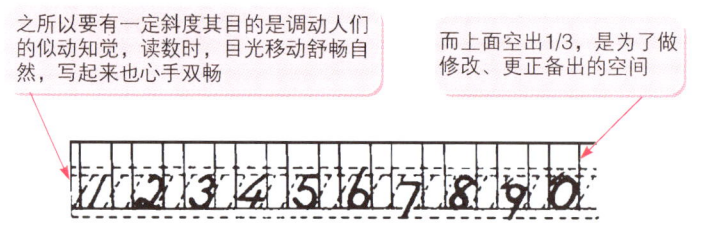

图 1-10 阿拉伯数字写法

除此之外，数字的书写应该刚柔相济，使人觉得舒展。如 2、3、5、6、8、9、0 几个数字的弧形部分既要圆滑，又要有劲，给人以分明的感觉。1、2、7 几个数字要笔画有力，转角分明。遇到 7 和 9 数字联写时，应遵循"笔须断、势不可断"的原则书写。"笔断"，即每个数字一目了然；"势不断"，即整个数字浑然一体。

赵姐最后总结说：只有先学会写好字，才能做一个合格的出纳哟！

 ## 数钱是门技术活儿

这只是一个小小的插曲,而在下午收入大笔现金时,我才再次认识到了我业务能力上的不足。因为这一次,我需要点完整整一箱子的钞票。

在做这笔收入之前,赵姐跟我说:"其实一般公司与公司之间的收入,都会通过银行账户汇款。这样不仅安全,而且合法。因为大部分用现金支付货款的企业,都是为了逃避税务局的监控,逃避纳税,这是一种目光短浅的行为。但如果是个人来购买货物的话,有的人就会选择用现金支付。除此之外,收回预支的备用金、银行取现等,出纳都要直接与钞票接触,这样一来,出纳必须要具备一项非同小可的技能——快速准确地点钞!"

赵姐给我介绍了许多点钞的经验,基本来说,点钞的方法有四种(图1-11)。

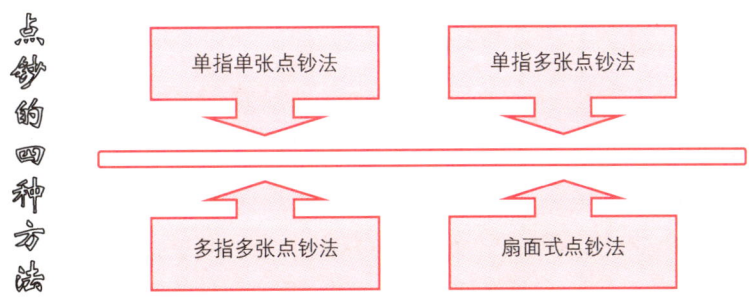

图1-11 点钞的方法

单指单张点钞法讲解

用一个手指一次点一张的方法叫单指单张点钞法。

这种方法是点钞中最基本也是最常用的一种方法,使用范围较

图 1-12 单指单张点钞法

广,频率较高,适用于收款、付款和整点各种新旧大小钞票。这种点钞方法由于持票面小,能看到票面的四分之三,容易发现假钞票及残破票,缺点是点一张记一个数,比较费力。

具体操作方法如下。

1. 持票

左手横执钞票,下面朝向身体,左手拇指在钞票正面左端约四分之一处,食指与中指在钞票背面与拇指同时捏住钞票,无名指与小指自然弯曲并伸向票前左下方,与中指夹紧钞票,食指伸直,拇指向上移动,按住钞票侧面,将钞票压成瓦形,左手将钞票从桌面上擦过,拇指顺势将钞票向上翻成微开的扇形,同时,右手拇指、食指作点钞准备。

2. 清点

左手持钞并形成瓦形后,右手食指托住钞票背面右上角,用拇指尖逐张向下捻动钞票右上角,捻动幅度要小,不要抬得过高。要轻捻,食指在钞票背面的右端配合拇指捻动,左手拇指按捏钞票不要过紧,要配合右手起自然助推的作用。右手的无名指将捻起的钞票向怀里弹,要注意轻点快弹。

3. 记数

与清点同时进行。在点数速度快的情况下,往往由于记数迟缓而影响点钞的效率,因此记数应该采用分组记数法。把 10 作 1 记,即 1、2、3、4、5、6、7、8、9、1(即 10),1、2、3、4、5、6、7、8、9、2(即 20),以此类推,数到 1、2、3、4、5、6、7、8、9、10(即 100)。采用这种记数法记数既简单又快捷,省力又好记。但记数时要默记,不要念出声,做到脑、眼、手密切配合,既准又快。

单指多张点钞法讲解

点钞时,一指同时点两张或两张以上的方法叫单指多张点钞法(图 1-13)。

它适用于收款、付款和各种券别的整点工作。点钞时记数简单省力，效率高。但也有缺点，就是在一指捻几张时，由于不能看到中间几张的全部票面，所以假钞和残破票不易发现。这种点钞法除了记数和清点外，其他均与单指单张点钞法相同。

图 1-13　单指多张点钞法

具体操作方法如下。

1. 持票（同单指单张）
2. 清点

清点时，右手食指放在钞票背面右上角，拇指肚放在正面右上角，拇指尖超出票面，用拇指肚先捻钞。单指双张点钞法，拇指肚先捻第一张，拇指尖捻第二张。单指多张点钞法，拇指用力要均衡，捻的幅度不要太大，食指、中指在票后面配合捻动，拇指捻张，无名指向怀里弹。在右手拇指往下捻动的同时，左手拇指稍抬，使票面拱起，从侧边分层错开，便于看清张数，左手拇指往下拨钞票，右手拇指抬起让钞票下落，左手拇指在拨钞的同时下按其余钞票，左右两手拇指一起一落协调动作，如此循环，直至点完。

3. 记数

采用分组记数法。如：点双数，两张为一组记一个数，50 组就是 100 张。

多指多张点钞法讲解

多指多张点钞法是指：点钞时用小指、无名指、中指、食指依次捻下一张钞票，一次清点四张钞票的方法，也叫四指四张点钞法（图 1-14）。这种点钞法适用于收款、付款和整点工作，这种点钞方法不仅省力、省脑，而且效率高。能够逐张识别假钞票和挑剔残破钞票。

图 1-14　多指多张点钞法

具体操作方法如下。

1. 持票

用左手持钞，中指在前，食指、无名指、小指在后，将钞票夹紧，四指同时弯曲将钞票轻压成瓦形，拇指在钞票的右上角外面，将钞票推成小扇面，然后手腕向里转，使钞票的右里角抬起，右手五指准备清点。

2. 清点

右手腕抬起，拇指贴在钞票的右里角，其余四指同时弯曲并拢，从小指开始每指捻动一张钞票，依次下滑四个手指，每一次下滑动作捻下四张钞票，循环操作，直至点完100张。

3. 记数

采用分组记数法。每次点四张为一组，记满25组为100张。

扇面式点钞法讲解

图 1-15　扇面式点钞法

把钞票捻成扇面状进行清点的方法叫扇面式点钞法（图1-15）。这种点钞方法速度快，是手工点钞中效率最高的一种。但它只适合清点新票币，不适于清点新、旧、破混合钞票。对于出纳而言，并不适用。赵姐也就没有再深入讲解。

赵姐介绍完点钞法后，又延伸给我讲述了点钞完毕后如何扎把。扎把的意思就是将100张纸币捆扎成一把。这种方法又分为两种，一种是缠绕式，另一种是扭结式。

1. 缠绕式

该方法需使用牛皮纸腰条，其具体操作方法介绍如下：

(1) 将点过的钞票100张墩齐。

(2) 左手从长的方向拦腰握着钞票，使之成为瓦状（瓦状的幅度影响扎钞的松紧，在捆扎中幅度不能变）。

(3) 右手握着腰条头将其从钞票的长的方向夹入钞票的中间

(离一端 1/3 或 1/4 处) 从凹面开始绕钞票两圈。

(4) 在翻到钞票原度转角处将腰条向右折叠 90°, 将腰条头绕捆在钞票的膘条转两圈打结。

(5) 整理钞票。

2. 扭结式

此方法需使用绵纸腰条, 其具体操作方法介绍如下:

(1) 将点过的钞票 100 张墩齐。

(2) 左手握钞, 使之成为瓦状。

(3) 右手将腰条从钞票凸面放置, 将两腰条头绕到凹面, 左手食指、拇指分别按住腰条与钞票厚度交界处。

(4) 右手拇指、食指夹住其中一端腰条头, 中指、无名指夹住另一端腰条头, 并合在一起, 右手顺时针转 180°, 左手逆时针转 180°, 将拇指和食指夹住的那一头从腰条与钞票之间绕过、打结。

(5) 整理钞票。

出纳不是会计,这么狭隘你老师知道吗?

这一天, 我第一次感受到了数钱数到手抽筋的滋味。真是欲仙欲死!

其实我数的钱不过总数的三分之一, 但一开始我总是会数错, 或者忘记数过的数量, 不得不重新来过, 所以虽然后来总算提高了效率, 但还是拖慢了整个进度。等我疲惫地做完全部工作回家时, 已经华灯初上。

钱宇凡见我疲惫不堪, 问我原因。我不假思索地说:

"数钱数的!"

瞧我这口气, 不知情的肯定以为我是暴发的富一代! 真切体会到了数钱数到手抽筋的滋味。

钱宇凡拿我开玩笑，说我是富婆，我也拿他寻开心，说他是富婆老板。

因为钱宇凡的打岔，我被工作打击得有些抑郁的心情缓解了许多。但到晚上临睡前，却发生了一件不太和谐的事情。

起因是表妹庄薇给我发微信，问我工作情况。我说在一家教学仪器的公司做出纳。

她很惊讶："姐你没当上会计呀？"

表妹庄薇，也是学的会计专业，现在是大三学生。

我顿时被梗到了，心中腹谤，什么叫没当上会计啊，别不把出纳当会计好不好？你对财务人员的划分那么狭隘，你的会计老师知道吗！

众所周知，出纳是管钱的，会计是管账的，而管账和管钱是两个不相容的工作。如果一个人既管账又管钱，就缺乏一种监督，会给企业带来一定风险。正如我第一天来公司，看到出纳室与财务室分在两个办公室。

所以从这个角度来说两者是要分离。这便是钱账分管原则。

这并不意味着出纳就不是会计了。从狭义上讲，会计是相对出纳以外的会计核算人员。但从广义上讲，会计是包括出纳和狭义上的会计的（图1-16）。

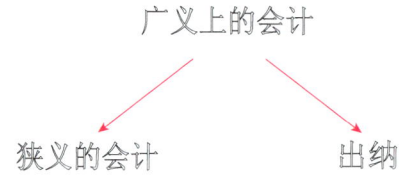

图1-16　出纳与会计的区分

一般来说，大家都觉得会计的地位比出纳高。但实际上，出纳和会计只是财务部门的两个方面，既相互联系，又相互制约、相互监督。出纳主要负责货币资金的收付以及与之相关的现金日记账和银行存款日记账的登记。而会计，则是负责除货币资金之外的总账和其他明细账。他们地位同等，业务上互相协作、密不可分。

实际工作中,出纳要配合她主管会计的工作,可能会受制于人,通常就被人觉得地位比会计低。

呃……发散得有点远啦。反正我的意思就是,虽然我做的是出纳,但我还是会计!

"是财务人员好不好!"我回复表妹。

可惜表妹没能和我心有灵犀。她吐槽完我的职业,就不顾我的心情,开始对我滔滔不绝地展望自己的职业规划:

"我觉得我们学会计的啊,还是应该考个等级,先考初级,再考中级,再考个注会。对了,听说现在税务会计特别受老板的看重,到时候我就向税务会计的方向发展,争取三年之内做上财务总监……"

听她这意思,这财务总监都得是税务会计出身啊!

"这才是会计专业出身的学生应该走的路嘛!"表妹以这句话为结尾。

我早已经听得嘴角抽搐,无语至极了。心里只有一句话在不停地回荡——总算是遇到比我学得更差的人了!

表妹,你学了三年,连会计职称和会计的分类方向都没弄清楚,你的会计课是跟体育老师学的吗?

首先,先说一下会计的职称。

会计职称是衡量一个人会计业务水平高低的标准,会计职称越高,表明你的会计业务水平越高。我们国家现有会计职称:初级、中级和高级。初级职称为"助理会计师",中级职称是"会计师",高级职称为"正高级会计师"和"副高级会计师"(图1-17)。

初级:助理会计师

仅持有会计从业资格证的不属于初级职称,只是拥有可以从事会计工作资格,并非拥有初级职称。初级会计职称(助理会计师)需要在一年内同时通过《经济法基础》和《初级会计实务》这两门课程。通常在每年1月份报名,5月份考试。但具体时间要以当地财政局发布的消息为准。

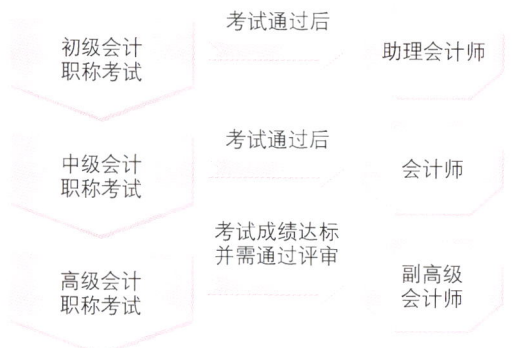

图 1-17　会计职称的考试与评定

中级：会计师

课程《中级会计实务》《经济法》《财务管理》，连续两年内通过三门考试才可以取得会计师职称。通常在每年的 4 月份报名，9 月份进行考试。

高级：副高级会计师

课程仅有一门《高级会计实务》。对于初、中级资格，国家实行考试授予制度，而对高级资格，国家实行考评结合的授予制度。《高级会计实务》这门考试通常报名时间在每年的 4 月份，9 月份进行考试。具体发布时间还要以当地财政局发布的信息为准。

除此之外，还有一种是正高级会计师，目前一般采用评审方法产生，具体办法由各省决定。

而表妹所说的注册会计师，跟职称没有任何关联，这是一条单独的路线。也就是说，就算你考过了注会，到单位里，你还是什么职称都没有。

注册会计师是指取得注册会计师证书并在会计师事务所执业的人员，英文全称 Certified Public Accountant，所以简称为 CPA。

注册会计师分专业阶段和综合阶段。专业阶段的考试科目为《会计》《审计》《财务成本管理》《经济法》《税法》《战略与风险管理》。综合阶段，设立职业能力综合测试一科。

通俗来讲，会计是做账的，审计是查账的。这两者切切不能混为一谈。

而说到会计的分类则有很多种。比如我们常听到有工业会计、税务会计、成本会计、商贸会计、事业单位会计等。会计的三种分类方法即按行业分类、按工作内容分类、按工作范围分类。

其中行业会计是按照行业类别进行分类，因为不同行业自身业务特点不同，会计核算也会有所区别。比如长期从事工业企业的会计，如果没有经历培训或者充足的准备，很难一下子转到金融行业去做会计，或者长期做施工企业的会计，突然转到一家养殖场做会计，没有经过学习的话是难以胜任的。

按行业分类的话，会计主要包括八类（图1-18）。

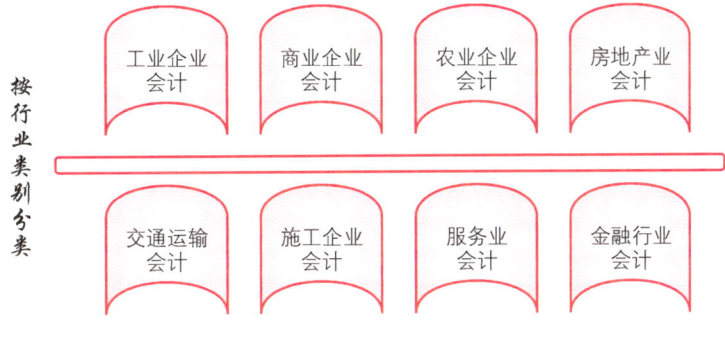

图1-18　按行业类别分类

如果按照工作内容分，会计主要也可以分为八大类别（图1-19）。

至于按工作范围划分的分法较少，也不常用，大体可以分为：公共会计、私用会计、政府会计。

在小企业，可能全部的会计业务都由一个会计来完成。而在大型企业，一项往来业务都需要数十人的工作小组来完成。相对来说，在小企业里学得杂而全，在大企业里学得专而精，各有各的优点，也各有各的不足。

所以做哪个方向不重要，重要的是学得好，定位准。要相信，

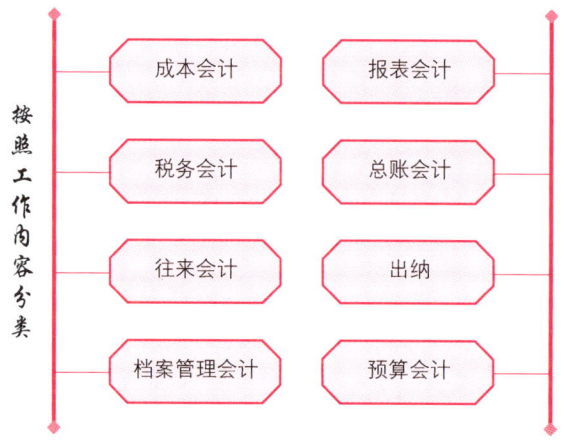

图 1-19　按照工作内容分类

有羽毛的孔雀早晚会有开屏的一天！这是小美我一直信奉的小美至理名言哦！

和表妹的这通对话，让我的心情就如坐过山车一样，起伏跌宕。

我突然有点理解赵姐初识我这菜鸟时的复杂心情，如果你是一个专业人士，你是绝不会希望和你共事的人不学无术到连常识都不知道的。

我想起大学的时候，总是张口就说"现在学的又没什么用，工作的时候又用不上，学了干什么，还不如DOTA两局呢！"想至此，心里升起了万分的羞愧。

我为我大学时期的狭隘而羞愧，为我浪费的青春而懊悔。时光真的是一去不复返，就像会计账套，年复一年被尘封。想找回曾经的过往，弥补铭刻于心的遗憾，也只能是追悔莫及。因为过去的时光如一笔笔凭证烙印在账册中，无法再去更改了。

唯一能劝解自己的是，现在我还有机会。只要努力，我就能迎难而上！活出我的美丽人生！

加油，聪明绝顶、机智过人，集美貌与智慧一身的小美！你是最棒的！

 **出纳也念经**

虽然最后我用专业知识把不学无术的表妹狠狠鄙视了一通，但不可否认的是，我也有些被打击到了。

第二天工作的时候，赵姐看出了我的闷闷不乐，问我怎么了。我把和表妹聊天的内容告诉了赵姐。

赵姐说："其实很多初入职场的财务人员有个错误的想法，认为出纳比会计低一等，或者说出纳没有太多技术含量。实际上，出纳对资金及银行账户的管理是账务处理的基础，是一种感性的认识。如果你想学会计账务处理也很简单，等以后对出纳的工作熟练了，就申请调岗，去财务那边学习。"

"这样可以吗？"

"有什么不可以的。你要是学会了，谁请假的话你还可以去兼职做个会计呢。"赵姐停顿了一下，又说，"只是啊，有一个岗位是你不能做的，你知道是哪个吗？"

"是小黄的工作吧？"我迟疑地问。

会计小黄，她负责资产的核算。

这个岗位与货币资金息息相关，而会计和出纳需要相互牵制监督，所以我猜这大概是我不能做的那一项。

果然，赵姐欣慰地点头："就是资产核算岗位你不能兼职。"随后她话锋一转，问我，"说到这里，我顺便也考考你吧。你知不知道会计岗位中，有哪些是不相容的呢？"

不相容的会计岗位？

我回忆起第一天钱宇凡给我介绍的财务室的情况，有四个会计，小张管成本，小陈做报表，裴颖做税务，小黄管资产。半猜测地回答说："是不是成本、报表、税务和资产各不相容啊？"

"你这是把我们公司的岗位设置给说了一遍啊。"赵姐又笑了,"实际上财务的不相容职务,可不是你这么想当然地划分的呢。"

随后赵姐翔实地给我讲解了一番不相容岗位的设置。

财务中的不相容职务看具体企业机构设置,一般包括如下:

(1)会计职务与审计职务分离。

(2)支票保管职务与印章保管职务分离。

(3)支票审核职务与支票签发职务分离,支票签发职务由出纳担任,其他会计人员不得兼任。

(4)银行印鉴保管职务、企业财务章保管职务、人名章保管职务分离,不得由一人保管支付款项所需的全部印章。

赵姐跟我说,所谓的不相容岗位,也就是每一笔费用的支出必须有两人以上来互相监督制约。不仅是怕有人玩忽职守,做出没有职业道德的事情,也是保护经手人,怕他犯了错误却无人纠正。最后赵姐还强调出纳不得兼任的其他工作。

《会计法》第二十一条第二、第三款专门规定出纳员不得兼管稽核、会计档案保管和收入、费用、债权债务账目的登记工作。所以,凡是实行独立核算、在银行开户、有经常性收入和支出的企业均应配备专职或兼职出纳人员。具体怎么配备,可根据单位的规模及业务量的大小而定。

我乖乖地做着笔记,发现财务这个行当,当真是处处有诀窍,处处要当心啊。

我这只小菜鸟,可算有的学咯。

晚上回去时,我一兴奋就把菜给买多了,于是不出所料吃撑了。为了缓解我的饱腹感,便趴在沙发上看电视消食。韩剧《来自星星的你》中都教授真是太帅了!帅男的视觉冲击和搞笑的剧情早已让我无暇顾及吃撑的感觉。

在插播广告的间隙中,我觉得时间不能浪费,便干脆拿出笔记本,一边看白天做的笔记一边等下一集开始。

十点多的时候,钱宇凡回来了。他放下公文包,瞄了我一眼,问:"这么认真?看电视剧都不忘做笔记?"

我白了他一眼:"这是工作日记啦。"

这下钱宇凡来了兴趣:"这倒是个好习惯,来,给我看看。"

我把笔记递给了他。

本以为钱宇凡看看就算了,没想到他真有两下子,瞄了几眼就给我挑出了好几个笔误和理解错误!

最后他合上笔记本,鼓励我说:"不错不错,小同志笔记做得相当认真,值得表扬。"

我嘟着嘴说:"别尽整没用的,来点干货!只挑刺不讲知识是不对的!"

"讲知识的事儿拜托赵姐了,我就不指手画脚了,我来给你的笔记题个跋吧。"

钱宇凡思索一番,提笔就往我的笔记本上写字。

《出纳三字经》

出纳员,很关键;静头脑,清杂念。
业务忙,莫慌乱;情绪好,态度谦。
取现金,当面点;高警惕,出安全。
收现金,点两遍;辨真假,免赔款。
支现金,先审单;内容全,要会签。
收单据,要规范;不合规,担风险。
账外账,甭保管;违法纪,又罚款。
长短款,不用乱;静下心,细查点。
借贷方,要分清;清单据,查现款。
月凭证,要规整;张数明,金额清。
库现金,勤查点;不压库,不挪欠。
现金账,要记全;账款符,心坦然。

他写一句,我读一句,越读越惊奇:"这是什么?怎么看起来像是把出纳的那点事儿给做总结了一般?"

最后，钱宇凡龙飞凤舞地签下自己的大名，写上一句"2014年7月24日赠友小美，《出纳三字经》与君共勉之"，搁笔。

"这就是出纳三字经，出纳人员的从业圣经。"

从业圣经……这么高端大气上档次！

钱宇凡笑着瞄我："怎么样，这个货够干吧？"

我忙不迭地点头，竖起了双拇指："干！钱哥您真是个高人！"

钱宇凡又笑了笑，提点我说："好好读读这段话，要多想多练。出纳这份工作不难，但想干好却也没那么容易。万丈高楼平地起，走好这第一步，你的前途会很光明的。"

这么明显的暗示，要是不懂我就白痴了。我啪的一下敬了个少先队员礼，谄笑道："领导放心，保证不辜负领导的期望！所以领导，请你一定要一直关注小的，提拔小的，不要客气哟！"

想着两月后顺利接手赵姐的工作，半年之后成为出纳室的中流砥柱，一年之后成为一名合格的会计……如此金光闪闪的职业规划让我陶醉得似乎口水直流。苦命的宿舍老大要知道我现在顺风顺水的职业道路，肯定羡慕死！

正在美梦连连的时候，"梆"的一声，钱宇凡一个响指敲在我的额头："好了，你再对着你钱哥流口水，你家钱嫂就真要吃醋了！"钱宇凡一脸揶揄的笑。

我皱了皱眉，不悦起来，气哄哄地说："哼，自作多情！"

钱宇凡见我当真了，便故意没话找话，说明天有雨，不要忘记带伞。

其实我并非是不懂玩笑，再者我也是很懂感恩的。细想想，我的运气要比宿舍老大强一百倍。宇凡不仅教我知识，还给我安排实习机会，我已是不胜感激了。

见我没理他，他可能真的以为我生气了，便很认真地说："小美，不好意思，我不再侮辱你名誉喽！笑一个吧。"

本来也没生气，看到宇凡那傻呆呆的诚恳样，我强忍着笑意，高大上地抬起下巴，兰花指轻点一下宇凡，慢条斯理地说："好吧，本宫并非这般狭隘，见你此等诚恳，本宫就准了吧！"

 陈年老账如同史书般珍贵

毕竟是新人,打水、拖地、擦桌子这些琐事我都抢着做。赵姐还夸我勤快,让我内心生出小小的愧疚。争取在生活中,我也要如此。

也许是周五,公司业务不是很多,赵姐便有时间给我讲账簿的知识。她问我出纳涉及哪些账簿。这下子戳到我的兴奋点了。虽然我大学学得不怎么样,但工作这段时间,我确实恶补了不少知识。我胸有成竹地说:"咱们要做的就是现金日记账和银行存款日记账。"

赵姐点点头:"你说的没错,现金日记账和银行存款日记账对我们出纳而言就是左膀右臂!务必要认真对待。理论是理论,但在实务工作中,也有很多公司将现金日记账和银行存款日记账合二为一。我们就是这样做成二合一的日记账,而且还是电子账。"

赵姐还提示,这些东西每天做完都要发送一份给钱总,一份给老总,还要打出一份纸质版留在财务存档。

她把今天的电子档都发给了我,我对着电子档和单据一笔一笔地看,果然都能一一对应上!瞬间有种理论联系了实际的感觉,真是兴奋啊。

随后赵姐又说:"我们除日记账之外,对于出纳来说,还要做支票登记簿。一本是领用支票登记,一本是收到支票做登记。但收支票的业务越来越少,因而支票领用簿更为重要。"

出纳人员几乎每天都要接触到支票,做好支票登记簿的登记是相当重要的工作。支票登记簿记录了员工领用的支票,相应的支票号码、领用日期、用途、金额等,这样在一定程度上保证了银行存款的管理(表1-1)。

表 1-1 　　　　　　　　支票领用登记

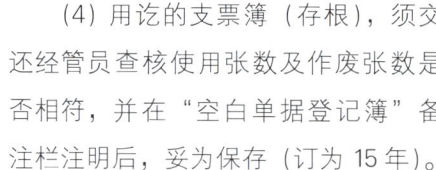

随后赵姐向我讲述了支票登记簿的使用方法：

（1）领用支票簿时，须由主管指派的经管员编列号码登记在"空白单据登记簿"上发交经办人员签章使用。

（2）作废的支票，须盖"作废"戳记，粘贴于该同一号码的存根上，以示慎重。

（3）每日营业终了时，经办员应即查对当日签发的支票存根，结计金额在存根最后一张背面，与银行存款科目签发总数是否相符，同时查点尚未使用的空白张数是否相符。

（4）用讫的支票簿（存根），须交还经管员查核使用张数及作废张数是否相符，并在"空白单据登记簿"备注栏注明后，妥为保存（订为15年）。

说完了这些，赵姐依然不知疲惫，又从档案室拿了历年的日记账和支票登记簿给我看，我被赵姐的敬业与无私深深感动了。

接过赵姐递过来的陈年旧账，我有种穿越的感觉。

它们里面的内容是这样的——

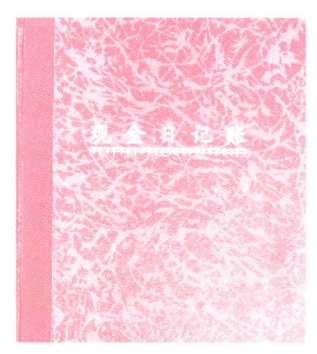

图 1-20　现金日记账账簿

现 金 日 记 账

年		凭证编号	摘要	对方科目编码	借方									√	贷方									√	余额								
月	日				千	百	十	万	千	百	十	元	角	分	千	百	十	万	千	百	十	元	角	分	千	百	十	万	千	百	十	元	角	分

图 1-21 现金日记账

这些东西和电子档的基本内容都是一致的，只是使用电子档的话，要比手工账易查易懂，清晰明了，而且遗失的可能性也大大减少了。

无纸化办公是未来的趋势，也给我们的财务工作带来了极大的便利。

不过赵姐也跟我说了，虽然现在会计工作都逐渐电算化了，但手工的东西也是需要知晓

> **登记账簿的基本要求**
> 1. 准确完整，顺序连续登记；
> 2. 正常记账用蓝黑墨水，特殊情况用红色；
> 3. 结出余额、过次承前；
> 4. 注明记账符号；
> 5. 发生错误时须按规定方法更正。

的。不怕一万就怕万一嘛，要是哪一天被派到海外新的市场部工作去了，一时半会儿电子档更新不上的时候，手工账不就得用上了吗？

随后，赵姐详细讲解了登记会计账簿的基本要求。

登记账簿要用蓝黑墨水或者碳素墨水书写，不得使用圆珠笔（银行的复写账簿除外）或者铅笔书写。

在会计的记账书写中，数字的颜色是重要的语素之一，它同数字和文字一起传达出会计信息。如同数字和文字错误会表达错误的信息，书写墨水的颜色用错了，其导致的概念混乱也不亚于数字和

文字错误（图1-22）。

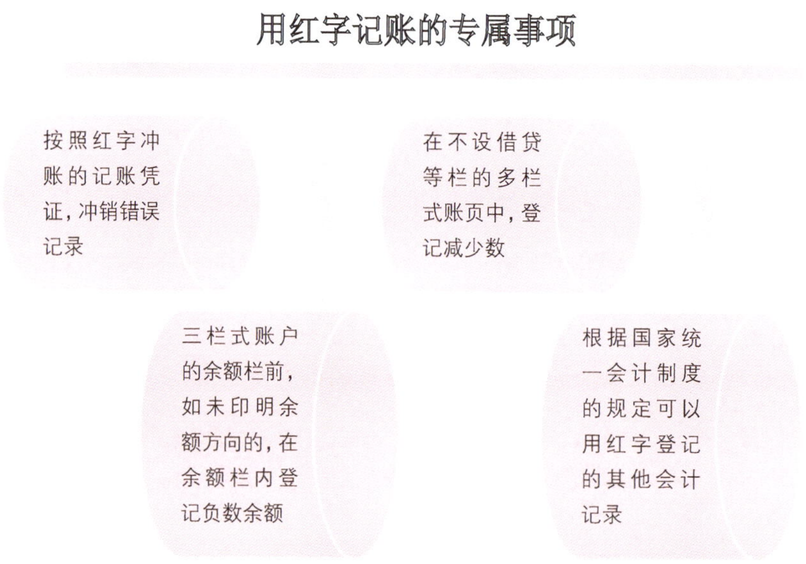

用红字记账的专属事项

- 按照红字冲账的记账凭证，冲销错误记录
- 在不设借贷等栏的多栏式账页中，登记减少数
- 三栏式账户的余额栏前，如未印明余额方向的，在余额栏内登记负数余额
- 根据国家统一会计制度的规定可以用红字登记的其他会计记录

图1-22　用红字记账的专属事项

在这几种情况下使用红字记账是会计工作中的惯例。另外还有在"应交税费——应交增值税"明细账户的设置中：在"进项税额"专栏中用红字登记退回所购货物应冲销的进项税额；在"已交税金"专栏中用红字登记退回多交的增值税额；在"销项税额"专栏中用红字登记退回销售货物应冲销的销项税额，以及在"出口退税"专栏中用红字登记出口货物办理退税后发生退货或者退关而补交已退的税款。

而启用一本会计账簿，也有它的规则（图1-23）。

启用账簿之后，就要注意账簿的管理问题了。

账簿管理分为平时管理和归档保管两部分。

平时管理是指各种账簿要分工明确，指定专人管理，账簿经管人员既要负责记账、对账、结账等工作，又要负责保证账簿安全。会计账簿未经批准，非经管人员不能随意翻阅查看会计账簿。

归档保管则是说年度终了更换并启用新账后，对更换下来的旧账要整理装订，造册归档。归档前旧账的整理工作包括：检查和补

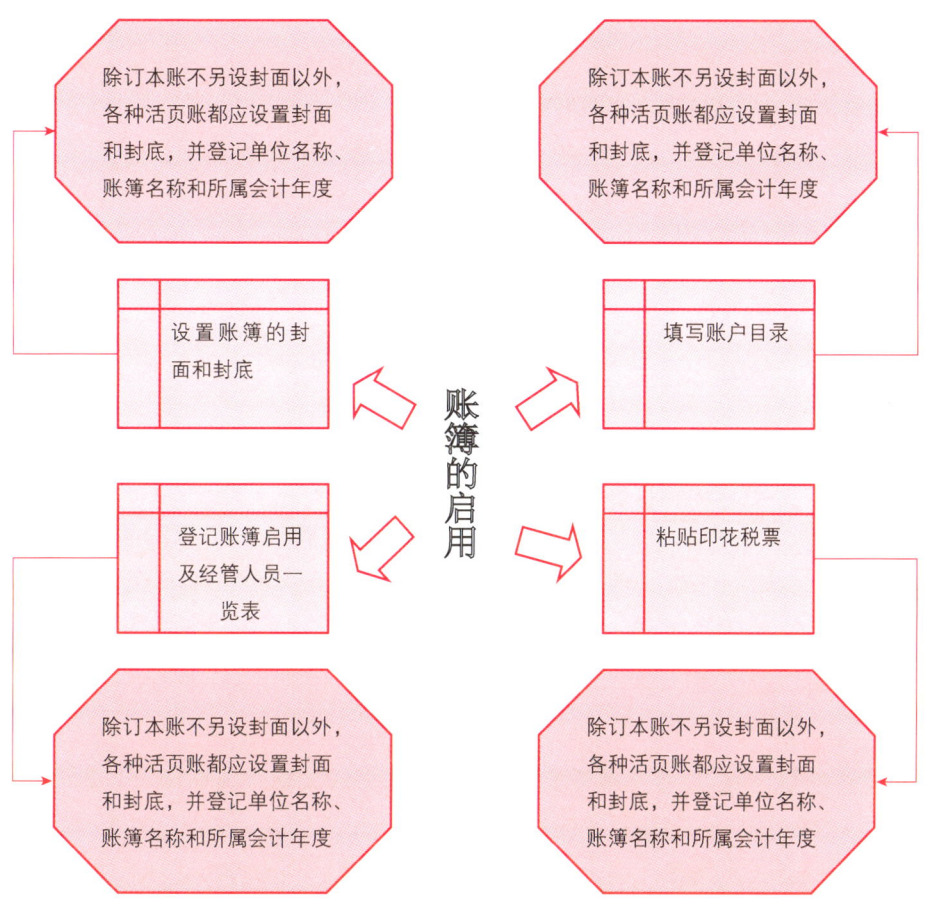

图 1-23 账簿的启用

齐应办的手续，如改错盖章、注销空行及空页、结转余额等。活页账应撤出未使用的空白账页，再装订成册，并注明各账页号数。旧账装订时应注意：活页账一般按账户分类装订成册，一个账户装订成一册或数册；某些账户账页较少，也可以合并装订成一册。

企业的会计账簿是企业重要的经济资料，必须要建立完善的管理制度，妥善保管，避免遗失或被盗。

账簿的保管原则：

(1) 从事生产、经营的纳税人、扣缴义务人必须按照国务院财政、税务主管部门规定的保管期限保管账簿、记账凭证、完税凭证

及其他有关资料;

（2）账簿、记账凭证、报表、完税凭证、发票、出口凭证以及其他有关涉税资料应该合法、真实、完整;

（3）账簿、记账凭证、报表、完税凭证、发票、出口凭证以及其他有关涉税资料应当保存 10 年，但是法律、行政法规另有规定的除外;

（4）账簿、记账凭证、完税凭证及其他有关资料不得伪造、变造或者擅自毁损。

我背完这些和账簿有关的法律法规、规章制度，才开始继续翻阅现金日记账。在我看来，账务可以慢慢核对，但做账的原则和账簿的保管方法却要先融会贯通。

这就像练字一样，只有知道横是从左往右写，捺是从上往下倾斜着画，才能写出正确的中国字。否则任他练个千万篇字帖，写出的字还是不伦不类。

看完这些出纳的账簿，已经是三天之后。

这时我们的工作还算比较清闲，赵姐就说："你继续去档案室学习一下吧。你不是想以后当会计吗，那里有会计做的凭证和账簿，你多看看，以后说不定用得着。"

这活儿我还挺乐意干的，不仅是为了以后当会计，也是因为即便我现在做的岗位是出纳，但多了解一些会计相关的，也会对我做好自身的岗位有极大的好处。

到过档案室的人都知道那个味儿，真是故纸深深，鞭笞人努力奋进！也算是为我未来的职业生涯铺路。

而在这段时间里，我翻阅了以下这些账簿：原材料、库存商品、产成品等明细账、固定资产卡片账，以及会计凭证。如果按照用途分类，会计账簿可以分为三种（图 1-24）。

如果按照格式分，则分为两栏式、三栏式、多栏式及数量金额式。

按外形特征分为订本账（总分类账、现金日记账、银行存款日记账）、活页账（各种明细分类账）、卡片账（固定资产）。

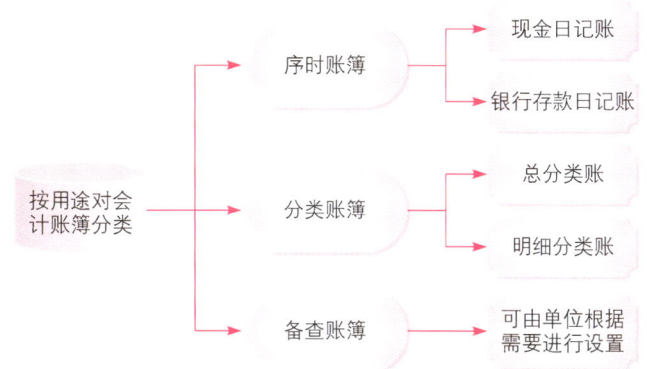

图 1-24　按用途对会计账簿分类

公司档案室里除了会计凭证之外，所有的账簿都是 2006 年之前的老账，之后的账全都存档在电脑里，做了电子档。

而原材料、库存商品、产成品等明细账、固定资产卡片账的老账是这样的（图 1-25、图 1-26）：

分页：____　总页：____

生产批号：________　明细科目：________

产品/部门名称：________

生产成本明细账

订货单位：________　生产日期：________

投产日期：__年__月__日　完工日期：__年__月__日

完成产量：____　计划工时：____　实际工时：____

年		凭证号数	摘要	借方发生额	明细项目							
月	日				原材料	燃料和动力	工资	福利费	制造费用			
				亿千百十万千百十元角分	千百十万千百十元角分	千百十万千百十元角分	千百十万千百十元角分	千百十万千百十元角分	千百十万千百十元角分	千百十万千百十元角分	千百十万千百十元角分	千百十万千百十元角分

货号：2510-12　货名：生产成本明细账
上海立信会计用品总公司出品
上海市中山西路2230号
电话：63226239　传真：64283159

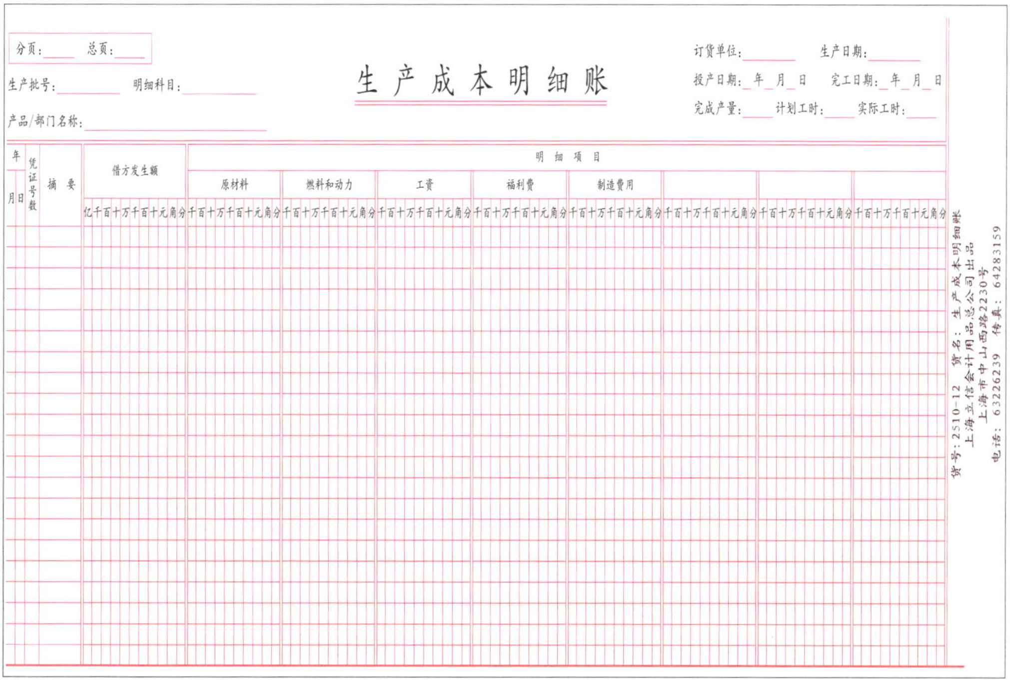

图 1-25　生产成本明细账

固 定 财 产 卡 片　　　第　　号

类别　　　　　　　　　　　年　月　日

编号		名称		新旧程度		财产来源	
牌号		规格		财产原值		保管地点	
数量		特征		来源时间		已使年限	
所属设备							
折旧价格		折旧年限		年折旧额		清理残值	
备注							

图 1-26　固定资产管理卡片

按着账簿和凭证，逐笔地对下去，整个公司的财务脉络逐渐地清晰了起来。

我慢慢知道了公司到底是做什么，销售什么产品，各种产品需要哪些原料，而各种原料又来自哪些供应商。从购买原材料到生产，到销售，到回款，这整个流程都在账簿中纤毫毕现。

在我进入档案室之前，赵姐曾跟我说，如果我看完会计凭证，再能把这些账都看懂弄通，就会对公司的财务状况有个极为清晰的认知了。

下班之后，我将一天的工作跟宇凡叙说，听到我在档案室翻阅资料的时候，他突然问了我一个问题："小美，你说会计之于公司是什么呢？"

我想了想说："会计是领导的左膀右臂呗。"

宇凡摇了摇头："非也！"

看着宇凡若有所思的样子，似乎又要有什么高论了："财务是一件有意思的事情。它记下了公司的整个运营情况。会计账簿是将公司的创建、发展、壮大以编年体的形式记录下来。会计之于公司则是'文史官'。"

这还是我第一次听到有人这样评说会计。不过回想起在档案室一摞摞会计凭证、账簿，确实如宇凡所说，财务工作者记录这公司的点点滴滴，每一笔收入，每一笔支出都清晰记录。哪怕是五角钱的手续费，都要写得一清二楚。

延续着宇凡的思维，我补充道："确实如你所说哦！我们会计还是非常严谨，非常负责任，本着对历史负责的态度，任何成本、费用支出，收入确认等业务凭证后都附有票据和原始资料，这些原始票据就是'史实依据'呗！"

宇凡捏了我下鼻子，说："可以这么说，不过嘛……"

宇凡欲言又止，我追问他下文，他故弄玄虚地说："不过啊，随着时代的发展，会计如果单纯的是文史官就略显狭隘喽！"

"那还是什么？"

"这个嘛……卖个关子吧，预知后事如何，且听下回分解。"宇凡装腔作势，学评书艺人留扣子，而我呢，瞥了他一眼，便回了自己的房间。不过在房间里，我开始思考宇凡说的话，同时也对会计越发地有了兴趣。我相信，终有一天，我也能体会到，会计之于公司除了是文史官之外，还会是什么。

第二章

奋起！为了梦想绝不放弃

保险柜的使用
出纳需要接触的票据和设备
费用报销流程
差旅费的预支与管理
差旅费的使用范围
票据粘贴方法
现金预支单的填写
取现补库存
残币可以兑换的情形
假币的识别
现金盘点表的编制
收付款的业务处理
印鉴管理
备用金管理

通过本章，小美掌握了如下技能

 保险柜里莫不成都是真金白银

我花了两周的时间,周六周日都来加班,总算是把整个档案室都看完了。

说看完也不大对,应该是一边看一边想,不断提出问题,再用账簿验证,大略地把所有资料都过了一遍。

放下最后一本账簿的时候,突然感觉到我对四年之内看完了北大图书馆所有书的钱钟书老先生佩服得五体投地!

而这半个月里,我也和赵姐相处得越来越融洽。钱宇凡私下里跟我说:"与人交往要放开些,有什么问题尽管去问赵姐。人都是相处出来的,真心换真心。"

我本来对赵姐这样年纪的人是尊敬得有些敬而远之的,我觉得她们有经验有能力,但却有些倚老卖老,不是太好相处。但听了钱宇凡的话之后,我开始尝试着和她接近,才发现人与人之间需要相互体谅,相互关爱。

你向镜子微笑,镜子里的她也在向你微笑。

这不,我才从档案室里出来,赵姐就说,要教我怎么用保险柜了(图2-1)。

第一步,将第一组密码号往右三次对准基准线;

第二步,将第二组密码号往左两次对准基准线;

第三步,将第三组密码号往右一次对准基准线。

简单地说:右三左二右一

注意:

图 2-1　保险柜

（1）看到数字就算一次。

（2）每次拨盘的最后一次数字若是转过头了，就要从头开始对，不能往回转。

我按照赵姐教的，打开了保险柜。

保险柜里有以下这些东西：财务章（图2-2）、发票专用章（图2-3）、现金支票（图2-4）、转账支票（图2-5）、U盾（图2-6）、现金收纳盒（图2-7）。

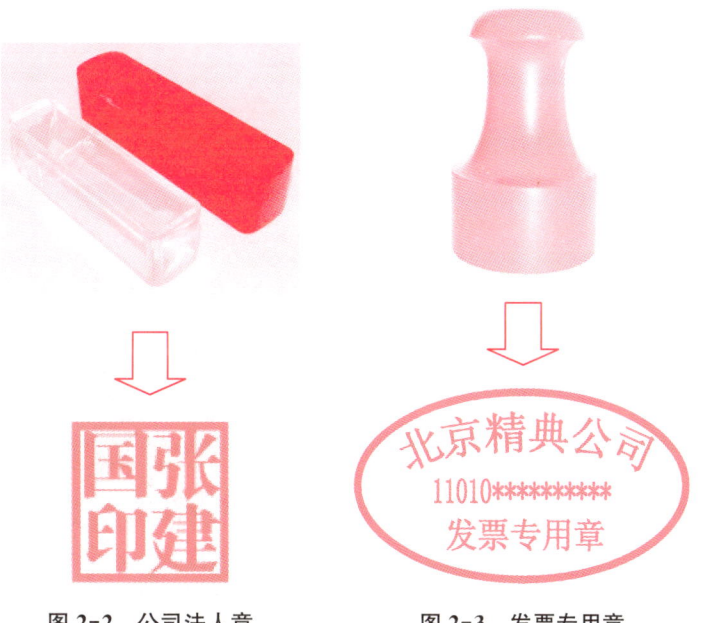

图 2-2　公司法人章　　　　图 2-3　发票专用章

第二章　奋起！为了梦想绝不放弃

图 2-4 现金支票

图 2-5 转账支票

图 2-6 U盾

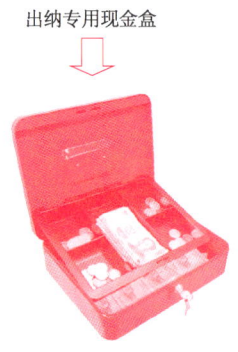

图 2-7 现金收纳盒

赵姐说，这些都是很重要的东西，为防遗失，所以要收在保险柜里。特别是U盾、支票这些东西，直接和银行账户挂钩，如果遗失，可能会给企业造成重大的损失，一定要小心。

我跟着赵姐做了一天，看着保险柜不断地开开关关，进进出出，感觉它就像人的大脑，每天都思考不断。

收到现金，开出收据，把现金放保险柜里；

收到支付证明单，需要现金支付，从保险柜里拿出钱来；

收到某某公司打货款过来的通知，打开保险柜，拿出U盾查看账户余额；

某笔钱要通过银行汇款过去，打开保险柜拿U盾付款；

还有开支票，验证发票……

保险柜表示：我每天都好忙呀！

而这么忙碌的保险柜，就是我们出纳誓死也要保护的最珍贵的财产！

赵姐虽然是以开玩笑的口吻说的上面这句话，但我却很郑重地点了点头。士兵绝不能丢了自己的武器，而我们出纳，也绝不可以丢了自己的保险柜！

 ## 费用报销业务未必这么轻松

这一天，我也见到了许多的费用报销单。据赵姐介绍，费用报销分为两种，一种是公司费用，一种是个人费用。

公司费用报销有很多种类，如业务招待费、会议费、排污费、绿化费、咨询费、诉讼费等。这些费用虽然名目繁多，但对出纳而言，业务流程却是基本一致的。

个人费用报销中，重头戏应该是差旅费。

差旅费，是指出差期间因办理公务而产生的交通费、住宿费和

图 2-8　费用报销的业务流程

公杂费等各项费用。不同单位或部门对差旅费的具体开支范围的规定可能会有所不同。根据一个单位或部门的具体规章制度，规定限额内的差旅费可以按照一定的程序凭据报销。

这是和员工自身息息相关的业务。说不定什么时候我也会出差，所以我对这个也非常的关心。

我问赵姐："咱们出差的话，一次能预支多少钱啊？"

赵姐拿出了一份差旅费借支规定给我看。

精典公司差旅费借支管理规定

（1）借支额度按个人批准出差时间×住宿限额生活补助标准×50%＋交通工具费用核定，并结合出差实际情况，国内长途出差最高不超过4 000元/次，短途短期不借支差旅费；

（2）差旅费借款须在出差返回后5个工作日内报销冲账，在5个工作日内未归还的，由各单位财务负责通知薪资管理部从其当月薪资中扣还；

（3）差旅费借款采取"前账不清，后账不借"的原则，由主管会计根据员工已批准的出差申请进行审核。

赵姐说："咱们出差的借支，是要严格按照差旅费借支规定来的。在批复一个人的差旅费借支之前，你要先去查一下，看他之前是否已经有借支。之前有借支的，就不可以再借了。之前没有借支，要看是否在限额之内，若是超过了限额，也不能批。"

我不禁咋舌："这么多不能批，那要出差的话，光填一个借支单不就得憋屈死啊！"

赵姐笑了笑说："怎么会呢。这些都是约定俗成了的东西，虽然以条条框框的形式写出来很呆板，但实际操作的时候，只要有个前辈给你指导，基本都不会被退回去的。"

"这就跟我学习出纳，有了赵姐你的指导就基本不会被退回去，是一个道理对不对？"

"对！"面对我的鬼脸，赵姐又笑了，"拐了弯儿的想让我来多教你，你哪里来的这么多鬼精灵哟！"

我忙说好话："这不是您经验太丰富，见识太广了，谁见着都想多跟您学习嘛！"

赵姐敲了我一下："得，被你这么一说，不教你我都不好意思了。"

虽然我的职场经验并不多，但我突然意识到，在向前辈请教问题的时候切忌不要太空泛。例如问个"会计六要素怎么理解？"或是问"会计记账的原则是什么？"

这类问题在实务中极其缺乏针对性。如果说你还没毕业，向老师问这样的理论知识还可以，但是如果步入职场，向职场的同事问这等问题，即便是人家好心给你细心解答，对你实操技能的提升也是没有太大益处！

毕竟职场中一些经验丰富的前辈不同于老师，他们更乐于用自己的实操经验告诉你怎样操作。

随后，赵姐拿出了一张借支单给我，跟我讲解了借支单的填报方法（图2-9）。

按照这种图示填好的借支单，只要符合差旅费借支规定的，就可以给对方支现，或者银行转账了。

讲完填写方法后，我忙给赵姐端了杯水，她抿了口，冲我笑了笑，继续给我介绍差旅费的支出范围，包括交通费、住宿费、伙食补助费、公务费以及培训会务费等。

说到这里时，我又有一个疑问：

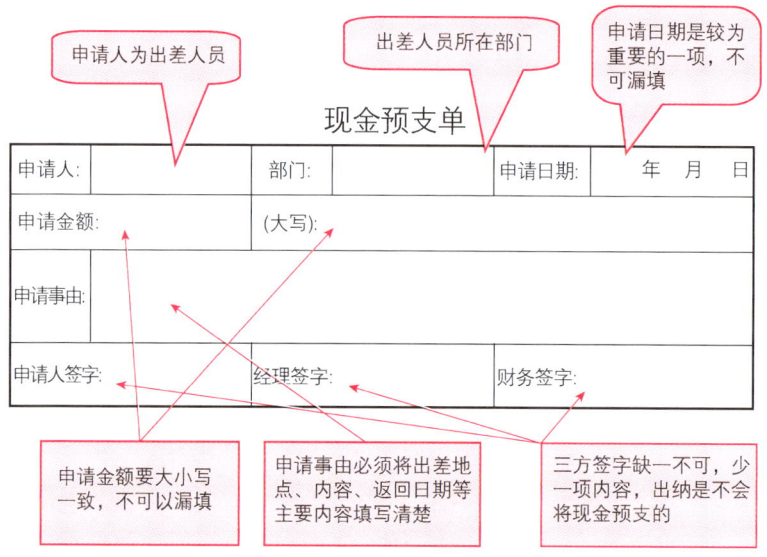

图 2-9 现金预支单填写说明

"赵姐,你说一次只能借四千块钱,如果借支的人不够用了,那怎么办呢?"

赵姐说:"一般不会不够用的。"随后她给我算了一笔账。

一般来说,普通员工外出都是火车卧铺的标准,以上海到长春为例,来回车票约为 900 元。假设他出差七天,一天的住宿费为 200 元,市内交通包干 30 元,伙食补助 50 元,一共是 1 960 元。如果公司外派培训,需要交纳的培训费一般都是由公司集体支付的,这里需要交纳的只会是通行证办理费用这种小额支出,不会超过 500 元。如果是外出公干,那基本上不会发生什么其他费用了。也就是说,出一趟差总共最多会花上 3 360 元。不出意外的话,钱都是够花的。

赵姐说:"每一项规定出来,都是经过了专门的考核测评的,肯定能兼顾大多数情况。若是出现了意外,实在不够用的话,那就只能出差人员自己先垫付了。但是也不用担心,回公司之后,只要他能出示相应的票据,这些钱都可以报销。"

这时,我又冒出了一个疑惑:"那要是没有票呢?"

"没有票就不能报。"

"这也太铁血了吧？那要是票据在路上遗失了呢？他又不是故意不拿发票的，只是出现了意外而已。"

赵姐说："这就是特殊情况了。特殊情况特殊处理，如果他能写一份书面的申请，他的上级同意，老总也同意的话，我们当然就照办咯。"

我脱口而出道："这不对吧？那这笔支出就没有票据了啊，没有票怎么向税务部门证明这笔钱确实发生了呢？"

这个问题问完，我都觉得我自己胡搅蛮缠了。我这到底是想给人家报啊，还是不给人家报啊……

赵姐却冲我眨了眨眼，狡黠地笑道："这就是财务的技巧了。你说这些没有票的钱，是怎么'明目张胆'地又出现在报表里了呢？"

这个问题……有点像在暗示做假账啊！

我的胃口被吊得足足的，好奇得不得了，胡搅蛮缠了赵姐许久。可惜赵姐却像修了闭口禅一般，怎么都不肯多说了。反倒是又跟我讲了一些审核报销单的方法。

出差旅费报销单

2013 年 1 月 9 日填

出差任务								机票费	车(船)费	卧铺费	夜行车补助		市内交通费		宿费		出差补助		其他	合计
月	日	时间	出发地	月	日	时间	到达地				小时	金额	实支	包干	标准	实支	提成扣减	天数	金额	
1	4	8时	锦宁布	1	4	22时	上海市	315												315
1	8	9时	上海市	1	8	23时	锦宁布	315						40		1 600		5	75	2 030
合计								630						40		1 600			75	2 345

出差任务	开会	报销金额（大写）	人民币：贰仟叁佰肆拾伍元零角零分	预借金额	
		单位领导 王一	部门负责人 张佳	出差人 王泽	报销金额 2 345
					结余或超支

会计主管人员：李艳　　　记账：　　　审核：李艳　　　附单据 3 张

图 2-10　报销单示例

赵姐随手翻开一本凭证，让我看里面的差旅费报销单（图2-10）。她对我讲，收到这样的报销单，首先要看是否符合报销的原则。差旅费的报销原则主要是四点：

> 1. 在各部门预算总额内控制开支，超预算不得开支；
> 2. 员工出差必须事前提出书面申请，填制出差申请单，经部门负责人批准；
> 3. 员工出差乘坐交通工具、住宿标准、补助等不得超过公司制定的相应规定；
> 4. 出差途中因工作需要临时增加行程经签批人确认后，增加的行程作为另一次出差时间，与原出差时间不连续计算。

如果符合报销原则的话，就再看背后有没有贴上相应的票据（图2-11）。

图2-11　票据粘贴示例

我发现这张凭证后面附的票据都被整齐地粘贴在 A4 纸后面，并且在角落处记上发票张数以及金额。赵姐叮嘱我，不要将票据颠倒放置、粘贴，不要用订书机订票据。在粘贴的过程中，尽量用适量的胶水。这些小提示我都认真记下了。

如果票据能一一对应，就再看看金额是否能对应得上。这些都核对无误，才能继续下一步冲账。而冲账之后，就该把出差人员剩余的钱收回，或者支付他个人垫付的部分啦。

这一步做完，整个出差的报销流程，也就结束了。

爱情是生命中的"取现补库存"

没票报销的事困扰了我很久，直到钱宇凡来借支的时候，才终于给我解除了困惑。

当时的情况是这样的：钱宇凡要去临市出差培训，因为对方需要培训费付现，所以钱宇凡要求我们给他提供现金。但是保险柜里的现金却只剩下了两百块……

因为时间紧迫，赵姐麻利地完成取现的相关手续，并开具了现金支票，最后吩咐我去银行取现。我原本想操练一次，但看来这次没机会了。为了节省时间，钱宇凡决定开车带我去银行，然后直接将钱取走。

去银行的路上，我在考虑取现的问题。觉得这事儿挺有意思的，这不就跟人一样么？人渴了就得喝水，水是支撑人生活的能量，缺水了就必须补充。而资金则是企业的能量，当企业没有能量的时候也需要取现补库存。这个比喻确实很形象，我不禁笑了起来。

宇凡也很好奇，问我取现怎么会这么高兴？

我便跟他说了我这种拟人化联想，随后他也乐了："按你的说法，这世上的大部分事儿都能解释了。比如说读书，书本是银行，翻阅专业知识就是取现补库存的过程。又如做笔记，咱们人需要知识，做笔记学习知识也是取现补库存……"

我接口道："这么一说，那恋爱也能解释了。爱情就是能量，咱们的生活陷入了低谷就要取能量补足，这是取现补库存！"

钱宇凡笑着说："真是个小丫头，满脑子都是风花雪月。"

这下我不服气了："哪里有！我明明一直都在思考业务问题呢！"我还举出了例证，"昨晚我就一夜没睡，一直在想赵姐给我留下的一个问题！"

"哦，什么问题？"

"就是报销没有票的话，该怎么办呢？难不成要做假账吗？"

钱宇凡很严肃地跟我说："千万别这么想。我不管你之前听别人是怎么说的，但是以我的人生经验劝诫你，无论什么情况下，都不要动做假账的歪脑筋！"

这是钱宇凡第一次以这么严厉的语气跟我说话，我不禁冒出了一点点冷汗。

他叹了口气，又放缓了语气跟我说："小美，我知道你之前可能看了很多做假账的新闻，也听许多人讲过会计就要做假账的说法，但我希望你不要把这种思想带入你的工作里。现在我们国家对财务方面的法律法规越来越健全，做假账是一种对自己对公司都非常不负责任的做法。做会计的人一定要正直、诚信！"

这是第一次有人跟我以这么语重心长的语气，来教导我职业操守的问题。

我不知道该怎么形容那一刻的感受，心中倍感温暖，也很感动。像独自在漫漫长夜里行走了许久终于看到一盏灯火一般，心中被点亮，然后豁然开朗。

我重重地点头："我明白啦。你放心，我不会做不该做的事情。我还要攒足力气，以后也跟你一样混个财务副总当当呢！"

"人娇小，但志向倒是不小。"

我不服气地撇嘴："别看不起人好不好。人生如借贷，这可是咱们第一次见面你对我说的哦！我也相信努力付出就会有收获，我绝不会比任何人差！"

钱宇凡看我很认真，语气也和缓许多："好吧好吧，那不比任何人差的小美，你想不想听一听你的前辈，也就是我，教你怎么处理没有票的问题？"

"当然要，快说给我听！"

宇凡给我讲述了一番（图2-12）。

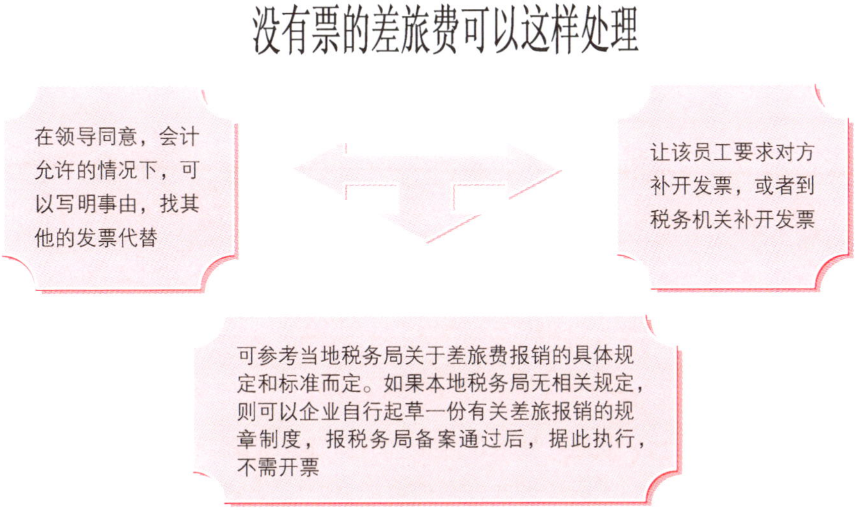

没有票的差旅费可以这样处理

在领导同意，会计允许的情况下，可以写明事由，找其他的发票代替

让该员工要求对方补开发票，或者到税务机关补开发票

可参考当地税务局关于差旅费报销的具体规定和标准而定。如果本地税务局无相关规定，则可以企业自行起草一份有关差旅报销的规章制度，报税务局备案通过后，据此执行，不需开票

图2-12 无票差旅费处理方案

只是取款的时间，我又长了一番见识。我将钞票清点后，按照之前宇凡填好单据上的金额预支给他现金。与他分别时，不知为什么我有些依依不舍，说："钱哥你要去多久啊？你不在，我可少了一个巨大的业务知识来源啊！"

钱宇凡很聪明，看出了我的言下之意，揉了揉我的脑袋，说："我很快就回来，到时候给你带好吃的哈。"

"好。"我重重地点了点头。突然想起时下一个很流行的词——暖男。

我送走宇凡，刚刚回到公司，赵姐就对我说："真不巧，小美。刚才销售部的陈经理打来电话，他们下午要报销三千多的差旅费。

我又合计了一下，刚才取的现金不够。只好……"

虽然赵姐没有说完，但我已经明白，她是让我再去趟银行取些现金。虽然刚匆忙回来略感疲惫，但是也能理解，要想在工作中迅速成长，勤奋是必不可少的前提。我向赵姐笑了笑，欣然接受任务。赵姐也有些不好意思地说："哎，咱们财务工作尤其是出纳，很像咱们社会中的银行。属于'服务'行业。"

我说："确实像您说的，咱们要为整个公司正常运转做好服务。"

我走向保险柜，取出支票。心想刚才还遗憾取现的过程没有牢记清楚，这回可以有机会真操实练一把了（图 2-13）。

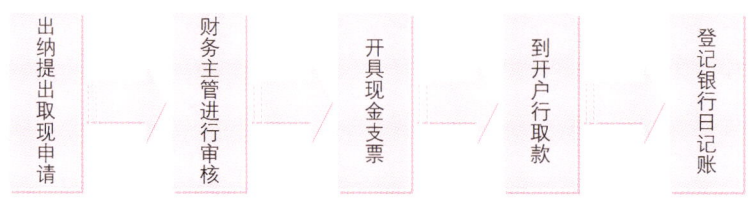

图 2-13 提现金流程

开支票的时候，赵姐让我从保险柜中取支票，匆忙中我拿的是转账支票。赵姐很郑重地告诉我，取现业务只能用现金支票（图 2-14）。

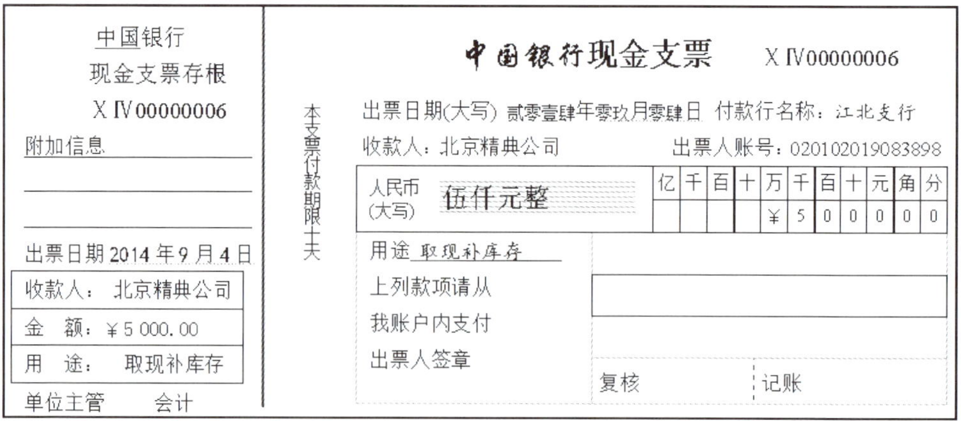

中国银行
现金支票存根
X Ⅳ00000006
附加信息
出票日期 2014 年 9 月 4 日
收款人：北京精典公司
金 额：¥5 000.00
用 途：取现补库存
单位主管 会计

中国银行现金支票 X Ⅳ00000006
本支票付款期限十天
出票日期(大写) 贰零壹肆年零玖月零肆日 付款行名称：江北支行
收款人：北京精典公司 出票人账号：020102019083898

人民币（大写）	亿	千	百	十	万	千	百	十	元	角	分
伍仟元整					¥	5	0	0	0	0	0

用途 取现补库存
上列款项请从
我账户内支付
出票人签章
复核 记账

图 2-14 开具现金支票

在赵姐的指导下，我开具了现金支票。随后我在现金支票的正面以及反面都盖上了财务章与法人章（图2-15、图2-16）。当然根据财务印鉴的相关规定，财务章需要去财务负责人那里盖。法人章则放置在我们出纳室的保险柜中。

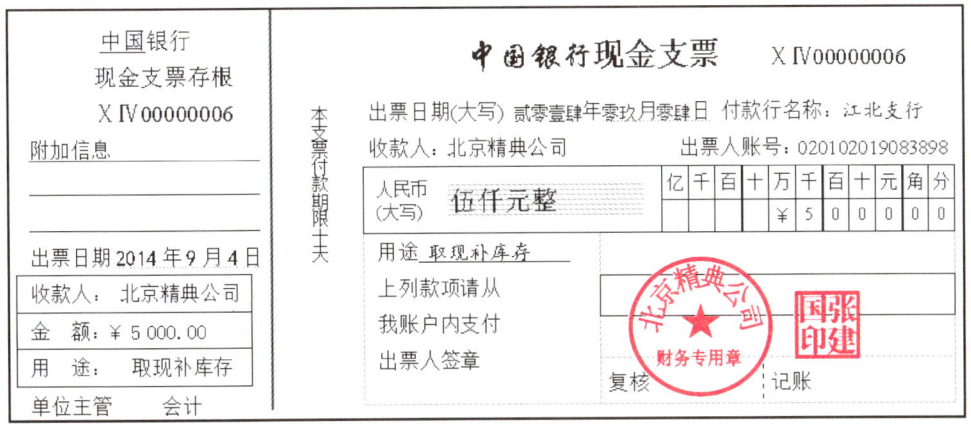

图2-15　在现金支票上盖章（正面）

图2-16　在现金支票上盖章（反面）

现金支票背面身份证名称和号码自然是谁取现填谁了，赵姐还叮嘱我不要忘记带身份证。

因为时间紧，赵姐告诉我，下周会给我详尽讲解支票的用途、开具方法、使用步骤等知识。这也让我屁颠屁颠地拿着支票、身份证和公司 IC 卡去了银行。

取现之前我忙在脑子中回想一番取现的注意事项：

取款人收到银行出纳人员付给的现金时，一般应当面清点现金数量，清点无误后才离开柜台，切不可离开柜台后点数。这样再发现问题就不好找到原因，分清责任了。

如果提取现金的数额较大，当面清点确有困难的，应当将大捆大把的数字核对清楚，并当面点清散把和零张钞票后，把现金全部装入取款袋（或箱），回单位后进一步清点。清点现金时，一般应先检查封签、类别和把数是否相符，然后再具体点钞。

在银行对公窗口取完现金，还没有走出银行的时候，接到了赵姐的电话："小美啊，你现在取现了吗？"

"取了。"

"取的是什么面额的？"

我豪言壮语道："都是百元大钞。"

赵姐说："我就怕你这么取！刚才我也是疏忽了。快，你回去换六张五十的，五十张十块的，还有一百张一块的。全是整钱，咱们报销的时候怎么给人家钱啊！"

事实上，银行柜员问过我，要不要取一些零钱。我觉得不好拿，又不方便数，就只要了百元面值的钞票。

我听完赵姐的话，恍然大悟。我怎么没有想到！百元大钞在现金支付的时候确实很不方便。

随后我又返回银行柜台，换取了零钱。

> **小美小贴士**
>
> 由于目前企业的现金，多用于借支，报销及结算离职人员工资，故取现时一定要准备一些元、角、分币，以方便结算。

拎着大包的钱走出银行时，我觉得自己有点晕。这还是我生平头第一次拿这么多的现金呢！准确地说是张数这么多，而非面值最多哦！

突然想起那段《点子公司》的相声：如何让口袋里的钱迅速多起来？兑成零钱是最快的方式哦！

无惊无险地回到公司,把现金放入保险柜,这一天的取现业务就全部完成了。

回了家我感觉胳膊有些酸,心想取现也是体力活儿啊。进了卧室,我随即倒在软绵绵的床上,像沉沙陷入大海中。

忙碌一天,都忘记关注微信中的各种信息。我习惯性地举起手机,在明镜财会微信公众号发现个非常有意思的话题:什么星座适合做会计?

曾有一个会计师事务所做过有趣的调查,发现天蝎座做会计的人最多。人数最少的则是金牛座。

可是天蝎座最大的特征是有着强烈的第六感、神秘的探视能力及吸引力,做事常凭直觉;虽然有着敏锐的观察力,但往往仍靠感觉来决定一切。相反,金牛座的人常常是耐性十足、脚踏实地,做事执著。那为什么会计中天蝎座的人居多呢?

这真是一个有意思的话题。作为天蝎座的我,确实也着实想不通。不过选择了会计这份职业,我无怨无悔。

胡思乱想一阵子心情也放松多了。然后臭美地自拍了一张,并且配上文字:

Oh My God,拎钱拎的胳膊都疼了!

远在上海依然坚守在工作岗位的宿舍老大,忙里偷闲迅速给我点赞,并且评论说:做出纳做成了富婆,你行啊!

我忙回复她:付了一千多房租一天不住,你更是富婆!

张丽:张大审计师还在忙,回北京收拾你!

 ## 送交支票 so easy

钱宇凡出差了,我觉得有点不自在。张丽也是让我彻底服了她,本来要合租,谁知道做了审计之后就在上海驻扎近一个月,回

来一趟也是短暂停留,又马不停蹄去了广州。三个人合租其实只有我和钱宇凡。

现在钱宇凡又要出差,这令我莫名其妙的有些不适应。甚至连工作的时候,劲头也小了许多。偏偏又在这个时候,赵姐要去体检,请假一天。

我有些措手不及:"赵姐你不在,我该怎么做啊?"

赵姐拍了拍我的肩膀:"小美你也学了几天,应该试着独立操作一次了。我相信你!有问题你就给我打电话。"

就这样,我被赶鸭子上架了。

这一天,上午的工作还算轻松。可是我的心里十分紧张。生怕有人找我办理从未接触过的业务。幸好只是业务员陈锋送来一张支票。

在交支票的时候,陈锋特意叮嘱我,这张支票是他刚从上海客户那里拿回来的。但是客户上周就已经把支票开出。

我清楚记得赵姐对我讲过,转账支票必须在开具日期的十日内送银行,否则会作废(图2-17)。

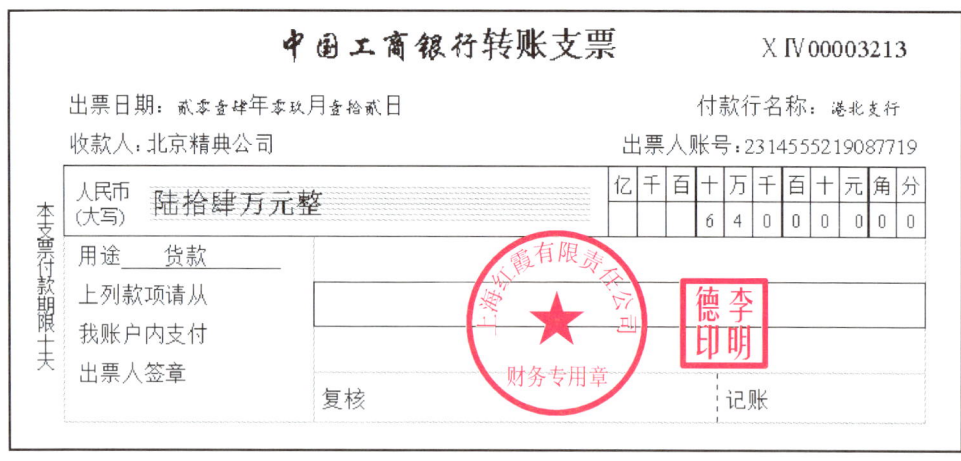

图 2-17　转账支票

我看了看今天的日期,顿时紧张起来。明天就是开具日期的第十天了。如果明天不送交我们公司的开户行,这张支票就会作废,业务员辛辛苦苦要来的支票就会"泡汤"！

多亏陈锋提醒，为了不给公司带来更多麻烦。我决定要用这几天累积的一些知识完成这笔款项入账业务。

我先让陈锋在支票登记簿上将支票做了登记（表2-1）。

表 2-1　　　　　　　　　收支票登记簿

序号	送交日期	支票号	支票金额	付款公司	款项内容	送交人
1	2014.9.22	3213	640 000.00	上海红霞有限责任公司	货款	陈锋

陈锋离开后，我认真端详了收到的上海红霞有限责任公司的支票，支票收款人上已经填好了我们公司的名称。支票正面清晰盖有上海红霞公司的财务章与法人章。赵姐曾说过，这两个章必须清晰，不得有任何重叠或者是重影的地方。

还好，这张支票没有问题。于是我便在支票背面盖上我们公司的财务章与法人章（图2-18），并且在"被背书人"位置盖上"委托收款"的字样。

图 2-18　在转账支票上盖章（反面）

盖好章后，我取出一张我们公司开户银行的进账单。也就是"中国银行支票进账单"，这张单据一式三联。按照我们精典公司的信息，以及收到的这张转账支票的信息进行填写。

上海红霞公司开户银行和账号在支票票面上都有显示。

填好后每联都要盖上我们公司财务章与法人章。

中国银行 进账单			1		
2014年 9月 22日					
收款人	全称	北京精典公司	付款人	全称	上海红霞有限责任公司
	账号	020102019083898		账号	2314555219087719
	开户银行	中国银行江北支行		开户银行	中国工商银行港北支行
金额	人民币（大写）陆拾肆万元整				￥ 6 4 0 0 0 0 0 0
票据种类	转账支票	票据张数	1		
票据号码	3213				
复核 记账					开户银行盖章

图 2-19 进账单

填写好进账单，将支票放入支票夹，捎上公司的 IC 卡，我便快马加鞭奔向中国银行江北支行。在对公窗口将支票和进账单递给银行人员。

当时我目不转睛注视着银行业务员，她的一举一动都牵动着我的心。生怕我哪一个环节处理不妥，搞砸了。

"你送来得很及时呀。否则你们业务员又要飞去上海换支票啦！"

当听到这句话之后，我的心里终于一块石头落地了。

同时银行人员将进账单第一联，也就是标有"此联是开户银行交给持（出）票人的回单"的那一联递给我，业务也就终于完成了。

第一次独立将收到的转账支票送交银行，自己有些喜出望外！在回公司的路上，情不自禁哼起了歌曲。

不过我还是很清楚，这仅仅是有关支票业务的一小块内容。想要更全面掌握支票业务，还是要等赵姐回来，慢慢向她学习。

 ## 悲催，自掏腰包的出纳

上午的好运气并没有延续到下午。天有不测风云，就在我还沉浸在自以为是的小小满足中的时候，我遇到了一件相当棘手的事情！

因为研发部的小李，他退借支的时候拿来了一张缺角了的百元大钞。

这种钱怎么可以收啊？

我让小李换一张，他却说手头没有多余的钱，还说以前也拿回来过缺角的钱，赵姐都收了，还反问我："你为什么不能收？"

于是我让他等一下，给赵姐打电话想问问她的意见。可电话响了半天，却一直没人接。我急得就像热锅上的蚂蚁一样。

小李也等得不耐烦了，不满地敲着桌子："你到底给不给退啊？都是同事，我也没必要骗你，你快点给我处理啊！"

我这个人平时急咧咧的，但是真到紧急时刻，反倒脑子里镇定得厉害。他这么冲我一嚷，我倒是想出了一个不是办法的办法：

"小李，请你原谅，毕竟我做出纳没几天。业务知识欠缺。这样吧，这钱到底能不能收我真心不知道。既然你说可以收，那我就先收下。但是你要在我的收条上签字，证明我收下的钱是残币。要是以后赵姐说这钱有问题的话，我是要找你退的。"

可能是看在我是小姑娘的份上吧，小李也没跟我犟，爽快地就答应了。

把残币和收条一起收进保险柜里,我松了口气。不管这件事解决得怎么样吧,反正总算是解决了,我心里还是有点小小的成就感。在面对棘手问题无法解决的时候,冷静的思绪与真诚的态度可以避免各类不可控情况的发生。

大概过了两个小时,赵姐的电话打了过来:"小美啊,你刚刚给我打电话啦?不好意思啊,我刚刚在做CT,不能接电话。你有什么事儿吗?"

我跟赵姐说了收到残币,以及我让小李签字的事儿。

然后赵姐说:"这事儿你做得没错,不确定怎么做的话,你一定要留下证据,以便以后查证。不过小李的那个残币啊,确实是可以收的!"

随后赵姐在电话中给我简述了一下可以收的残币情形,我迅速在电话这头记录下来(图2-20)。

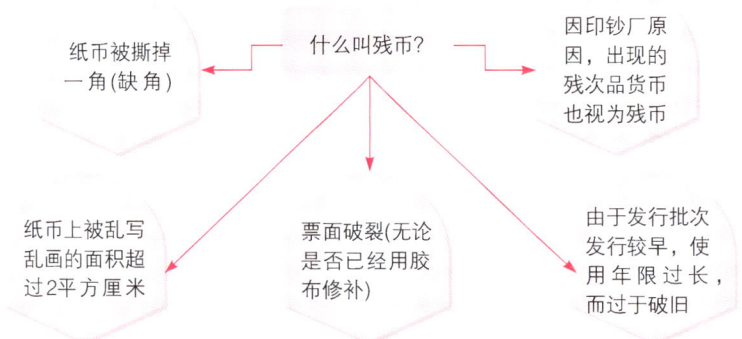

图2-20 残币分类

按照《残缺污损人民币兑换办法》规定,能辨别面额,票面剩余3/4(含3/4)以上,图案、文字能按原样连接的残缺、污损人民币可以全额兑换。

能辨别面额,票面剩余1/2(含1/2)至3/4,图案文字能按原样连接的按半额兑换。

纸币呈正十字形缺少1/4的,按半额兑换。

小李退回的钱只是缺了一个角,完全可以全额兑换,所以这个钱能收。

赵姐的话给我吃了一颗定心丸。只是依然不太放心，便把保险柜里的钱都拿出来看了看，以做验证。

然后我发现里面果然有不少残币，都是缺了一个角，或者破了一个洞的，缺失部分很少，可以全额兑换。我总算安心了，有前例就好。

我把这些钱拿出来，单独放在一边。下次我去银行的时候，就把这些钱都给换掉！为了保险起见，我先和银行进行电话沟通，也多亏了这个电话，让我又懂得一件事，并不是所有的残币都能兑换哦！

不知道为什么，这个下午特别的忙，不停地有人来报销、借支。之前因为有赵姐顶着，我看她做得游刃有余，还以为很简单呢。自己做起来才知道这有多么的困难。

> **残币不予兑换的情形**
> 1. 票面残缺二分之一以上者；
> 2. 票面污损、熏焦、水湿、变色、不能辨别真假者；
> 3. 故意挖补、涂改、剪贴、拼凑、揭去一面者。

不停地核对，开保险柜，拿钱，关保险柜。再拿单，开保险柜，拿U盾，关保险柜，转账……

我已忙得焦头烂额了。

事情太多做不完，而且因为怕出错，尽可能放慢速度。当然这一天我理所当然的加班了。做好了日报表，我核对了现金金额和银行账户的金额，发现并没有忙中出错产生什么金额上的错误，不由大大地松了一口气。

哈哈，第一次独立作业圆满完成，自觉超有成就感。

但到了第二天，我才知道我昨天犯了一个极大的错误。

赵姐从"嘀……嘀……"叫不停的验钞机里取出一张钞票，极严厉地问我："这张假币怎么来的?！"

我顿时无语，手脚紧张得冒汗了。我不知道那张假币是怎么出现的。昨天有好几个人拿了现金来冲借支，还有人来归还部门的备用金，当时我太忙了，只是人工过了遍数，金额无误也就收下了。事后早已记不清那张假币是谁递过来的了。

赵姐见我不说话，也皱起了眉头："你昨天收钱的时候，没有用验钞机吗？"

我忘了。

赵姐又问："这张假钞纸质相当低劣，用手摸也能摸出来的，你没发现吗？"

我哑口无言。太忙了，我又觉得是公司的人，不会骗我，所以就直接收了。赵姐不再说话了。过了好一会儿，她才说："这张假币要没收，这个钱咱们一人担一半的责任吧。"

我说："这件事是我的错，由我全责吧。"我掏出了一百块钱。

赵姐把一张五十的退给了我，淡淡地说："以后多注意吧。我既然指导你，这件事就有我的责任。"

我羞愧得快不行了。随后赵姐给我详细地讲解了鉴别假钞的四步。

一看：

用肉眼看钞票的水印是否清晰、有无层次和立体的效果；看安全线；看整张票面图案是否单一或者偏色。看纸币的整体印刷效果，人民币真币使用特制的机器和油墨印刷，整体效果精美细致，假币的整体效果粗糙，工艺水平低。

二摸：

我国现行流通的人民币1元以上券采用凹版印刷技术。触摸票面上凹印部位的线条是否有明显的凹凸感。假币无凹凸感或者凹凸感不强烈。

三听：

人民币纸币所使用的纸张是经过特殊处理、添加有化学成分的纸张，用手抖动会发出清脆的声音。如果是假币，抖动或者弹击的声音发闷。

四测：

真人民币纸币的尺寸十分严格，精确到以毫米计，另外可以使用验钞机检测是否有荧光图纹；用磁性仪检测磁性印记。

 ## 给库存现金进行"大扫除"吧

以前犯错误的时候，老师给指出来，然后我们改正，这件事儿也就完了。这样犯错误的成本小，小到压根不把犯错误当回事儿，还常常大放厥词，说什么"没有犯过错误的青春不是青春。"

但因为这次过失，不仅自己损失了五十块，还让赵姐损失了五十块的时候，心里才真正感觉到错误的重量。

我不禁想"一百元钱"的责任我还承担得起。但如果是一百万呢？后果真是不堪设想。

出纳，真的是一份容不得犯错的工作！

当天中午，赵姐跟我说："小美，昨天的事儿别放在心上。谁都有犯错的时候，以后注意就行了。"

我仅是轻轻地点了点头。懊悔、惭愧、沮丧各种滋味交织在我的内心。赵姐察觉出我极度低落的情绪，很"有爱"地轻拍了我的肩膀，笑着说："行啦，小姑娘家家的，别什么事儿都往心里去。杜绝错误发生的最好办法就是让业务掌握得全面、熟练。只有这样才能接受工作中各种各样的挑战，凭借过硬的技能轻松且出色应对！"

望着赵姐的微笑，我的心中涌起一股暖流，被赵姐的包容与体贴所感动。

赵姐继续说：

"好了，过去的就过去吧。今天我来教教你做现金的清查，学会了这个，以后现金管理方面就能少犯好多错误了。"

赵姐主动教我，这可是求都求不来的好事儿啊！我忙不迭地点

头答应了。于是，赵姐就先跟我讲了一下，现金账上可能出现的问题。

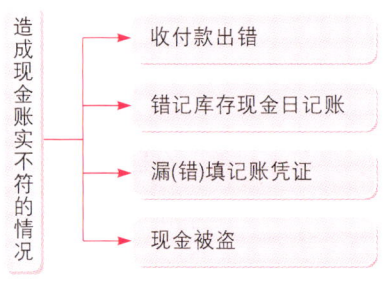

图 2-21 现金账实不符的四种情况

赵姐说，出纳再细心认真，也难免会出现疏漏，所以一定要定期对库存现金进行清查，将库存现金和现金日记账的余额进行核对，以确认账实相符，金额无误。

而盘点的方法，则是实地盘点法。

实地盘点法就是运用度、量、衡等工具，通过点数，逐一确定被清查实物实有数的一种方法。这种方法适应范围较广，大多数财产物资都可采取这种方法。

库存现金的清查主要是通过实地盘点法（就是点钞）进行清查。清查结束后需要填写"库存现金盘点报告表"，对于结果需要根据盘盈、盘亏两种情况进行处理。

清查后，现金无论是多还是少都需要及时纠错。会计人员需要与出纳配合，进行相应账务处理。现金盘亏后，账务上需要将账亏金额通过"待处理财产损溢——待处理流动资产损溢"科目转出。

借：待处理财产损溢——待处理流动资产损溢
　　贷：库存现金

如属于应由责任人赔偿或保险公司赔偿的部分，计入其他应收款；属于无法查明的其他原因，计入管理费用。

借：管理费用——现金短缺
　　其他应收款——应收现金短缺款（××个人）
　　其他应收款——应收保险公司赔款
　　贷：待处理财产损溢——待处理流动资产损溢

现金盘盈的情况也需要进行相应账务处理：

(1) 发生盘盈。

借：库存现金

贷：待处理财产损溢——待处理流动资产损溢

(2) 如为库存现金溢余，属于应支付给有关人员或单位的，计入其他应付款；属于无法查明原因的，计入营业外收入。

借：待处理财产损溢——待处理流动资产损溢

贷：营业外收入——现金溢余

其他应付款——应付现金溢余（单位或个人）

赵姐讲完这些后，开始让我清点库存现金。我按照赵姐的要求，按照面值对现金进行清查（表2-2）。

表2-2　　　　　　　　　实有库存盘点表

面额	张	金额	面额	张	金额
100元	24.00	2 400.00	5角	4.00	2.00
50元	7.00	350.00	2角	5.00	1.00
20元	10.00	200.00	1角	5.00	0.50
10元	6.00	60.00	5分	5.00	0.25
5元	4.00	20.00	2分	4.00	0.08
2元	7.00	14.00	1分	4.00	0.04
1元	5.00	5.00	合计	90.00	3 052.87

我点过一遍后，赵姐也重新点了一遍。金额与现金日记账没有差错，随后赵姐让我填写了现金盘点报告表（表2-3）。

表2-3　　　　　　　　　现金盘点报告表

单位名称：北京精典公司　　　　　　　　　　　　2014年9月23日

日记账金额	实存金额	实存账存对比		备注
		盘盈	盘亏	
3 052.87	3 052.87	0	0	
分析原因：				
审批意见：				

盘点人签章：刘爱梅　　　　　　　　　　　　　　出纳签章：王美丽

与此同时，赵姐跟我提了一件很重要的事情，那就是需要将业务部门交来的2 000元现金立即送交银行。她说这笔款项昨天就应该送交银行。但是因为昨天交来现金的时间也临近下班，即使送到银行，银行也要下班。所以今天务必要将这笔款项送到银行，以防存在坐支的风险。

我本想问坐支是什么意思，但是赵姐已经给我递过来一张"中国银行现金缴款单"（图2-22）让我填写。我便认真地按照上面要求填写好这张单据。然后带着2 000元现金去了银行。当然不包括那张假币喽！

中国银行现金缴款单

客户填写部分	收款人户名	北京精典公司		开户支行	中国银行江北支行									
	收款人账号	020102019083898												
	缴款人	王美丽		款项来源	货款									
	币种（√）	人民币：√	贰仟元整			亿	千	百	十	万	千	百	十	元	角	分
		外币：								￥	2	0	0	0	0	0
	券别	100元	50元	20元	10元	5元	2元	1元	5角	2角	1角				
	张数	20	0	0	0	0	0	0	0	0	0				
银行电脑打印部分	日期：		日志号：		交易码：		币种：								
	金额：		终端号：		主管：		柜员：								
	温馨提醒：本部分内容只能由电脑打印，不能手工填写，请客户留意。														

图2-22 现金缴款单

赵姐又跟我讲了现金清查的注意事项（图2-23）：

- 清查组织：由有关领导和专业人员组成清查小组，定期或不定期地对库存现金情况进行清查盘点
- 清查重点：主要清查账款是否相符、有无白条抵库、有无私借公款、有无挪用公款、有无账外资金违纪违法行为等
- 清查时限：盘点时间应控制在一天业务开始之前或一天业务结束之后

图2-23 现金清查注意事项

这些做完，一次现金清查也就做完了。现金缺少或者"意外"增加的原因有很多，但赵姐精心总结了四点，她让我一定要记录下来，这几种情况都是她曾经亲身经历过的。

（1）一笔款未收完，又接着收第二笔款，搞乱缴款者的款项。

（2）收款清点完毕，对券别加计总数时不认真复核，发生加错金额、看错金额、看错券别、看错大数、点错尾数等差错。

（3）用机器点完一把钞票，拿起来捆扎时，看清接钞台上是否仍留有人民币，或人民币被卷入输送带未发现，以致产生一把多，一把少的现象。

（4）未看清凭证上所列的付款金额数，粗心大意，随手付出。

我听完这些过程，心里一遍又一遍地梳理，越梳理越觉得这就像在打扫卫生。

因为张丽不在，我之前就和钱宇凡有约法三章，因为房子里的家具部分是屋主提供，部分是他添置的，所以我住进来之后，这些东西都可以用，但如果因为我的原因用坏了，就要照价赔偿。

而根据我们的租房约定，打扫卫生的事情归我处理。所以每次我打扫卫生的时候，就会看一下各种家具是否完整，有问题就及时报告给钱宇凡，以免损坏后不好划分责任。

现在看这个现金清查，不就是我打扫卫生的过程嘛。

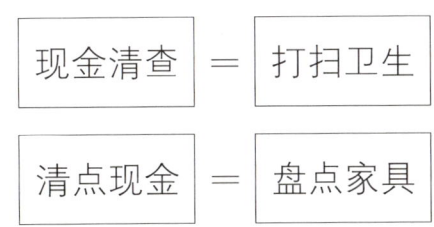

现金如果核对不上，就要报告领导。家具如果遗失，我要告诉钱宇凡。现金比账上的多，做营业外收入。现金如果比账上的少，要做待处理财产损溢，区分责任后，根据责任方来决定这笔费用的归宿。咱家的家具要是少了的话，我就要和钱宇凡说清楚到底是谁弄坏的。他弄坏的，他赔。我弄坏的，我赔。如果是正常老化，哈，那就谁都不赔，直接报废咯。

我用这种方法，很轻松就记下了整个现金清查的过程。赵姐问我记住了没有，我忙不迭地点头："记住啦，记住啦！"

哈哈，每周一次现金清查，就是我们家的每周一次大扫除嘛！

 老"纳"我指日可待

做完一次现金清点之后，钱宇凡出差回来了。接到他的电话之后，我很兴奋。到超市买了很多东西，做了一大桌的菜。

吃饭的时候，他又不经意地问我最近有没有受委屈，不知为何，我的泪腺瞬间崩溃，稀里糊涂哭了起来。收假币的那事儿还憋在我心里没来得及释放呢！

钱宇凡听我唠唠叨叨地说完，倒也没乱安慰，反倒问我："那你现在知道该怎么收钱了吗？"

我擦着眼睛，点头说："收到了钱一定要用验钞机验，残币的话要能兑换的才收下，凡是和钱有关的，都不能图省事儿！"

钱宇凡又问："那什么样的残币不能收，你知道吗？"

"缺了一半以上的，不能兑换的那些，就不能收了。"

其实说起来，这事儿和感情不是一样的吗？

如果两个人有一点儿小摩擦，不妨碍感情的继续，就还可以继续爱下去。但如果跟我和前男友郭峰一样，人生观都不一样，那除了各奔东西也没有别的办法了。

残币也是如此，破上一点儿，还能看清面值，在银行便可全额兑换。但如果破了一大块儿，或者面值多少都看不清，那它也就不是钱了，与废纸无异。

钱宇凡拍了拍我的脑袋，赞赏道："果然是都记清楚了。这就够了，不枉你交了这么些学费了！"

听完钱宇凡的话,我心里奇异地平静了许多。对我而言,他是专业上一个我仰望的前辈。他肯定了我,我也找回了一些自信。

第二天,钱宇凡到我们出纳室冲借支。当时,正有技术部的人员拿了付款凭证要求付款,钱宇凡便站在旁边看着我做。

他没有吱声,我却感到了极大的压力,就像考试的时候监考老师站在我旁边一样,我几乎是全身僵硬地拿起了原始付款凭证审核下去。

我严格按照审核原始现金付款凭证的流程操作(图2-24):

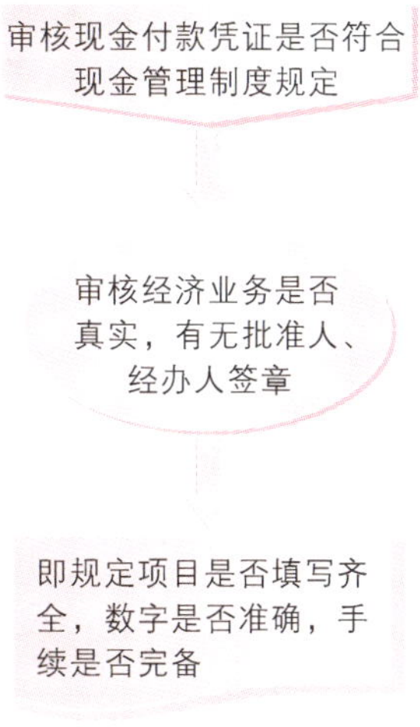

我默默回忆着审核的流程,一丝不苟地将凭证一项项审核过去。这个单据已经有财务经理的签字,故不需要再进行下一步操作,直接付款即可。

> 审核现金付款凭证是否符合现金管理制度规定
>
> 审核经济业务是否真实,有无批准人、经办人签章
>
> 即规定项目是否填写齐全,数字是否准确,手续是否完备

图 2-24 现金付款凭证审核流程

钱宇凡问我:"你知道编制付款凭证的原则吗?"

我想了想,还是想不出来,于是问:"有这种东西吗?"

钱宇凡点头:"有,'四'项明确原则。"

付款凭证编制审核原则

1. "原始凭证分割单"可作为填制付款凭证的依据。但出纳人员需要对原始凭证分割单进行审查;

2. 涉及从银行提取现金或将现金存入银行的业务,为了避免重复做账,只按照收付业务涉及的贷方科目编制付款凭证;

3. 发生销货退回时,如数量较少,且退款金额在转账起点以下,需要现金退款时,必须取得对方的收款收据,不得以退货发货票代替收据编制付款凭证;

4. 现金付款凭证如出现红字时,实际经济业务应是现金收入的增加,但在处理时,为了避免混淆,出纳人员在凭证上加盖印章时,仍应加盖现金付讫章,以表示原经济业务付出的款项已全部退回。

除了这四项原则外，宇凡还告诉我一个特殊情况的特殊处理方法。

从外单位取得的原始凭证遗失了该怎么办？

这种情况就需要原签发单位盖有公章的证明，并注明原始凭证的名称、金额、经济内容等，经单位负责人批准，方可替代原始凭证。如确实无法取得证明的，由当事人写出详细情况，由同行人证明，并由主管领导和财务负责人批准，方可代替原始凭证。

钱宇凡大致跟我说了四项原则和特殊事项外，然后又问我："复核收款凭证和付款凭证的依据是什么，你知道吧？"

"这个我知道，《现金管理暂行条例》和《会计基础工作规范》。"

钱宇凡点点头："不错，就是这两个。"钱宇凡问我说："哪些付款单不能支付，你知道么？"

这个……我凭着印象说："没票的不能付，没有领导签字的不能付……还有什么不能付？"

钱宇凡说："流程不合规的、票据存疑的、手续不全的，这些都不能支付。"

"原来是这样呀！"我恍然大悟。

> **小美心得**
> 1. 现金付款是出纳最为常见的工作业务，出纳人员一定要认真复核付款凭证哟！
> 2. 对报销人员拿来的票据和单据的真实性、合规性要认真审核！
> 3. 出现任何不对劲的地方，都不能顾着面子而失去原则，一定不能做违反规章制度的事！

在钱宇凡的注视之下，我压力山大地审核完了这一批付款单。应该是没出什么错，我偷偷瞄视钱宇凡的脸色，他虽然一直面无表情，但明显没有不悦之色。

只是不怕一万就怕万一，于是我试探地问他："钱总，我来给您冲借支吧？"

钱宇凡说："好。"

我心里顿时一块大石头落地了。如果有什么问题的话,他肯定不会答应让我来给他冲账的。

冲借支的活儿我已经干过好几遍了,做得还挺熟练的。我审核了钱宇凡的单据,发现没有错误,然后冲销了他前期的借支,把要补给他的钱通过银行转账转给他,很快就处理完了。

但钱宇凡似乎并没有离开的意思。我指着屏幕上的电子回单说:"钱总,您的钱我已经付了。"委婉地表示,您是不是该走了?

没想到钱宇凡却"唔"了一声,说:"我再看看你的业务水平。"

这是被顶头上司给临检了啊!我的心一下就又绷了起来。

正好这时人资部肖明远送来一笔卖废品的款项,共计700元。恰好,我又开始审核现金收款的原始凭证了。现金收款凭证的审核主要是七项(图2-25)。

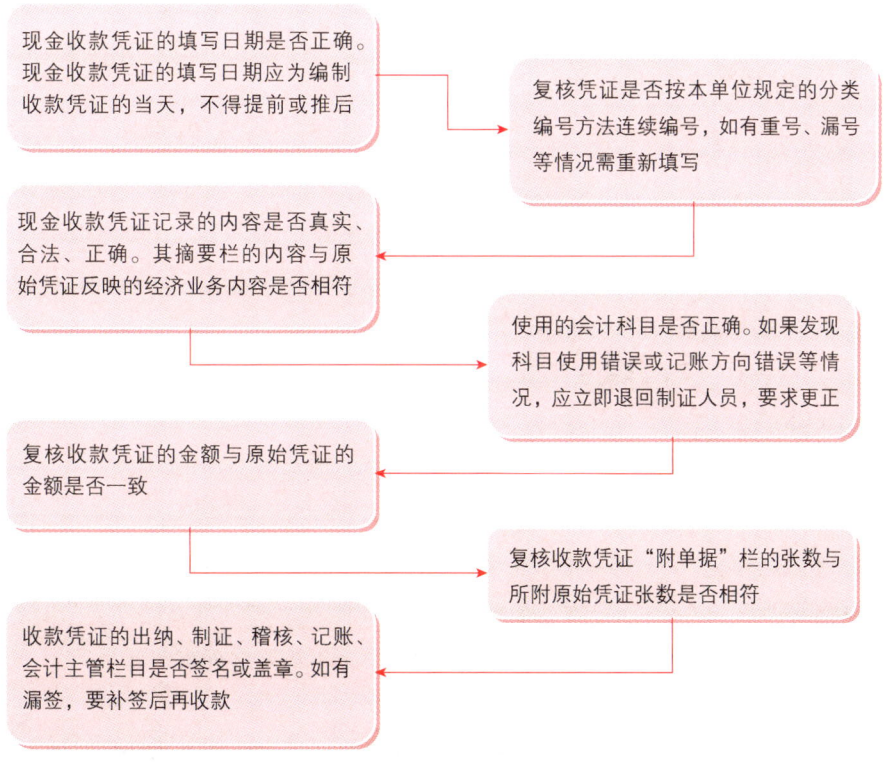

图 2-25 现金收款凭证审核内容

虽然程序和付款审核流程不太一样,但审核的中心还是一致的,那就是"仔细仔细再仔细"!细节决定成败,细节决定一切!为了不能再犯上次的错误,每张钞票我都在验钞机中过一遍。

"嘀……嘀……嘀……"

验钞机又响了。顿时我冒出了一身冷汗。送现金的肖明远也瞪大了眼珠子,十分紧张。我有些不知所措,将那张钞票拿了出来,看了一眼宇凡。宇凡倒是若无其事,背着手,向上翻了翻眼,不理我。

我本想求助他,他却不理我。这令我很生气。不过毕竟他是我的领导,也在考验我的业务处理能力。

我将注意力回到钞票上面,认真摸摸钞票上的盲文是否凸出,票面颜色是否纯正,图案是否清晰。除此之外,我还对这张钞票水印进行甄别,看不出一点问题。

"肖明远,你这是假币吧?"

肖明远莫名其妙地说:"怎么可能!这笔款项是他们从银行刚取来的!"

我又看了眼宇凡,他又掏出手机,若无其事看手机。

心想,指望他给我解围是不可能了。我将钞票再次放入验钞机,刺耳的"嘀嘀"声又响了起来!

我有些着急了,提高了嗓音说:"肖明远,这是假钞确定无疑!我不能收!"

肖明远十分生气,从我手中夺过纸钞,在我面前抖动纸币,纸币发出清脆的声音:

"小美,你听听,你听听!假币的纸张发出的声音很闷,能有这样清脆吗?"

肖明远这么一说,本来就信心不足的我,也不再那么理直气壮了。这可怎么办呢?就这样僵持下去?

宇凡咳嗽了一声,用眼神示意下这张纸钞的角。我发现纸钞的右上角卷曲了起来,略显不平整,莫非原因就在这里?

我抚平了这张纸币,小心翼翼再次将它放入验钞机。奇迹果然发生了!一次通过,不再发出刺耳的"嘀嘀"声!

我惭愧地向肖明远道歉,同时也略显羞愧的望了眼宇凡。肖明远没有责怪我,办理登记后离开了出纳室。而宇凡只是冲我笑了笑,让我很感激。

"小美,你做得很不错。不要灰心。"

我知道宇凡是在给我打气,我清楚自己的经验太缺乏了,出色的出纳不是一天两天就可以锻炼出来的!

"请领导放心,我会加速努力,汲取各种经验,由小棒槌蜕变为老出纳!"

"好,静待你成为'老衲'!"宇凡露出顽皮的笑容,打趣我。我则举起小拳头,嘬着嘴向他抗议。

"哼!宇凡大哥,你等着,老'纳'我指日可待!"

 ## "会计男"与小金库

宇凡离开后,我像是被打了鸡血,以比刚刚更加热情饱满的情绪投入了收款凭证的处理工作中了。

审核完现金之后,我要根据原始凭证做出一张收款凭证。

收款凭证是用来记录货币资金收款业务的凭证,它是由出纳人员根据审核无误的原始凭证收款后填制的。在借贷记账法下,在收款凭证左上方所填列的借方科目,应是"库存现金"或"银行存款"科目。在凭证内所反映的贷方科目,应填列与"库存现金"或"银行存款"相对应的科目。金额栏填列经济业务实际发生的数额,在凭证的右侧填写所附原始凭证张数,并在出纳及制单处签名或盖章。

收 款 凭 证

2014 年 9 月 30 日　　　　　　　　　　第 __23__ 号

借方科目：库存现金　　　　　　　　　　　　附件 _1_ 页

摘　要	贷方科目		金　额									账页或 √
	一级科目	二级科目	千	百	十	万	千	百	十	元	角	分	
收肖明远卖废品款	营业外收入	其他					¥	7	0	0	0	0	√
合　计							¥	6	0	0	0	0	

财务主管：　　　记账：　　　出纳：王美丽　　　复核：　　　制单：王美丽

图 2-26　收款凭证

　　凭证上方的"年、月、日"处，填写财会部门受理经济业务事项制证的日期；凭证左上位置"借方科目"填写库存现金或银行存款等款项收来后记入的科目；"摘要"栏填写能反映经济业务性质和特征的简要说明；"贷方一级科目"和"二级科目"栏填写与银行存款或现金收入相对应的一级科目及其二级科目；"金额"栏填写与同一行科目对应的发生额；"合计栏"填写各发生额的合计数；凭证右上位置"附件　张"处需填写所附原始凭证的张数；凭证下边分别由相关人员签字或盖章；"记账"栏则应在已经登记账簿后划"√"符号，表示已经入账，以免发生漏记或重记错误。

　　在最下面的财务主管，记账，出纳等处，需要相关人员签字或签章。

　　这张凭证填制完毕，将会交到会计那边的张经理签字，让他们知道咱们企业又入了这样一笔款项。如果有需要的话，张经理会去通知总经理，以便进行下一步的业务工作。

　　不过，这样的钱其实并不多。

　　因为现在的会计制度，也是为了方便操作，大部分的货款都是通过银行转账完成的。而现金收款，主要是卖废品收入之类的意外所得。大多都是营业外收入，金额也不会太大。

这样的钱收到之后，给张经理签了字，盖上"现金收讫"的印章，把现金收款凭证的原始凭证附在现金收款凭证的后面，然后交给会计做账，在他们做完账之后，这些凭证会被收集起来，留作以后订凭证的账务资料。

与此同时，我同样填写了"现金缴款单"，立刻将该笔款项送交银行。

中国银行现金缴款单

客户填写部分	收款人户名		北京精典公司										
	收款人账号		020102019083898			开户支行	中国银行江北支行						
	缴款人		王美丽			款项来源	废品费						
	币种(√)	人民币√	柒佰元整				亿千百十万千百十元角分						
		外币							￥	7	0	0	0	0
	券别	100元	50元	20元	10元	5元	2元	1元	5角	2角	1角		
	张数	7	0	0	0	0	0	0	0	0	0		
银行电脑打印部分	日期：			日志号：			交易码：		币种：				
	金额：			终端号：			主　管：		柜员：				
	温馨提醒：本部分内容只能由电脑打印，不能手工填写，请客户留意。												

图 2-27　现金缴款单

由此，一笔现金收款业务也就结束了。

别小看了这 700 元钱，虽然不多，但收款流程一样不能少。我也感觉这几百块钱很不值得再交财务入账。毕竟这类钱款算不上公司的收入，仅是非经营性的一种利得。部门自己保管得了，还得让我们出纳忙一阵子。

不过，别看这点钱款，如果真让部门私吞，性质就大变了。冠以小金库之名被发现的话，情况就很严重了。

那天晚上吃过饭，我跟宇凡发牢骚，说，几百块元，部室里的人足可以大吃一顿，而且公司订阅的各种报纸杂志财务账上也没有显示，完全可以部门自己留用。

没想到，宇凡很严肃地说："公司有明确规定，而且有很严格的处罚，一旦发现绝不姑息，而且要对部分负责人重罚！"

看到宇凡的严肃劲头，开始我并不理解，觉得这点钱上纲上线值得的么。但我又转念一想，公司的小金库和已婚男士私密的小金库应该是一个道理。两者都属于账外账。不仅来路不明，去向更是充满各种隐患。不是常说，男人一有钱就变坏吗？

胡思乱想间，我突然问了宇凡一个在事后看来是非常多余的问题：

"如果你要结婚了，会不会背着老婆藏小金库呀！"

宇凡听后，一脸坏笑说："哈哈，这确实是个问题嘛！"

我说："哼！以后恋爱一定不能找个会计男！你们会计男太会算账啦。"

宇凡："小美呀，可不要诬陷我们会计男，会计界好男人还是很多的。"

我说："以后你结婚了，我就做监督员，杜绝小金库！"

说完这话，宇凡愣了愣神儿，略显羞涩地说："嗯，欢迎，欢迎……"

我的大脑瞬间断电：宇凡结婚后，我做哪门子监督员呢？监督他的家庭？

想至此，我觉得脸蛋有种被炭烤的感觉，而且还撒了辣椒面。后悔刚才莫名其妙蹦出的话，自己简直是脑残啊！

为了挽回刚才的胡言乱语，我狗尾续貂地说：

"那个……什么，我的意思是说，那个什么小金库的问题，我们公司坚决不可以有！"

宇凡皱着眉，捏了一下我的脸蛋，说："小美，你说得没错，家里家外坚决制止小金库！"

 财务章是牛郎，法人章是织女

我奶奶是个小学语文教师，我的语文就是由她启蒙的。我记得她给我启蒙的时候，是以练字开始的。

那时候年纪小，骨头弱，握笔时间长了就会很累，于是就向奶奶撒娇，要求不要写了啊，或者不要写那么多遍。但奶奶从来没有答应过我，她以清朝康熙帝教育子孙的故事告诉我"书读百遍，其义自现"，如果能像康熙帝的孩子们一样把每篇课文都背上五百遍，那便会终身不忘。

我觉得学习出纳的过程也是这样。

老出纳之所以比我们强，就是因为比我们工作得久，练习得多，见的事情也多。而我们想要赶上那些老出纳，唯一的办法就是多做多练，多分析多思考。

本着这个原则，我向赵姐请求所有的工作都由我来做。如果碰到不会的话，我再请教她。我跟赵姐交流得越来越多，她对我的态度也越来越好，甚至于，隐隐地她有了几分把我当成弟子的感觉。我察觉到这种改变，自然是很开心的，对她也越来越尽心，常常帮她端茶倒水，有时带些水果之类的，也会一人一个分着吃，由此也得到了她投桃报李，更加尽心地教导，我们相处甚欢。

许多事情都是一环扣一环，只要你以一颗诚挚的心踏出正能量的第一步，便会发现人生因此而不同。迎接你的是一缕缕明媚的阳光，和煦而温暖，身畔开满绚烂而璀璨的花朵。

我的工作就是在这段时间里，逐渐走向了柳暗花明，在赵姐的精心教导下，我逐渐掌握了审核各种付款收款单据的技巧，也学会了制单、做日报表、开支票以及和银行沟通的技巧，出纳工作做得越来越像模像样了。

因为我的要求，赵姐现在连去银行办理业务的事情，也全交给了我。

我之前也拿支票到银行取过钱，但这次去，却遇到了一点麻烦——银行的工作人员说，我的支票不能取钱，因为上面的财务章有些模糊了。

我之前没遇到过这种情况，于是立刻跟赵姐打了电话，说明了情况。

赵姐问我："印章确实模糊掉了吗？"

我看了下支票，其实还好，大体都是清晰，只是因为当时盖章的时候没有注意，手抖了一下留了个重影。我当时以为能通过检查，所以才会拿去银行的。

但是我说明情况之后，赵姐却说："你回来吧，那张支票没法用了，我再给你开张新的。"

竟然这么严格！银行也太苛刻了吧！因为白跑了一趟，我回去不禁有些小抱怨。赵姐笑了笑，跟我解释说："银行这么做也是对企业负责。"

因为企业开出的现金支票只要核对了企业的预留印鉴无误，就能取出钱，所以对预留印鉴审核就是防止有人盗窃公款的最后一道防线。在此前提下，对预留印鉴的审核多严格都不为过。

其实我抱怨完就后悔了，最近的出纳课程不是白学的，我也知道银行这样做是有其必要性的啦。

赵姐提点我："别总毛手毛脚的！特别是盖章的时候，盖之前先在白纸上多试验两遍，要不然一不小心盖错，一张支票就废掉啦！"

我皱了皱鼻子，说道："明白！"

换完支票我又去了银行。银行对公业务窗口摆放着一个像装订机的机器，那就是用来扫描预留印鉴的工具。这一次我们盖章非常小心，所以那台扫描预留印鉴的机器爽快地就通过了。

我拎着取出来的一包钱，小心翼翼往外走，结果走到门口的时候却被叫住了。我警惕地抱紧钱转头看，才发现是钱宇凡。

"钱总你怎么也在这儿？"我松了口气。

钱宇凡笑着说："我来跟行长谈融资的事。你怎么往银行跑了这么多遍？我刚才来的时候就见到你往外走了，结果现在又看到了你。"

"本来是来取钱的，结果第一遍来的时候，银行说我的预留印鉴有问题。"我做了苦脸。

钱宇凡呵呵笑了两声："小丫头做事不仔细了吧！看来最近学得不够认真啊……唔，得考你一下。你说说银行说的预留印鉴有哪些章啊？"

"你小瞧人呀！我怎么可能连这个都不知道！"我扮了个鬼脸，说，"我回答上了你是不是要给我什么点奖励？比如一周不让我做饭什么的！"

钱宇凡做出惊讶的表情："我以为最近几周都是我做的饭呢，难道不是吗？"

好像……真是啊。我顿时心虚了，最近总加班，我每次回去的时候钱宇凡都已经把饭做好了，我都好久没进过厨房了呢！

我心虚地忙转移话题："咱们不是在说预留印鉴吗，怎么说到别的去了。我知道预留印鉴，不就是财务专用章和法人代表章嘛！"

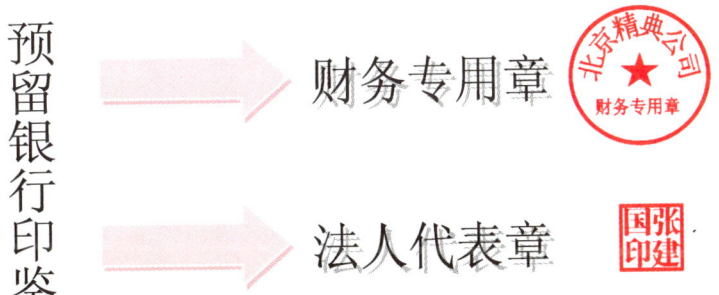

图 2-28 预留银行印鉴

通常情况下，财务专用章是圆形，法人代表章是方形。这一方一圆两枚章不禁让我们联想到那句话：无规矩不成方圆。从这一点也可以看出我们财务工作需要缜密与严谨。

说话间，宇凡从怀中的公文包掏出了一张空白的银行预留印鉴卡。在这张小卡片上，宇凡给我讲述了上面需要填写的内容，并且强调在"预留银行签章式样"上，务必要清晰盖上公司财务章与法人章。账户属性有一般户和基本户等。

我追问宇凡，账户属性基本户、一般户都有什么区别。宇凡给我卖关子，说过些日子会告诉我。并且嘱咐我回到公司将这张卡片填好，账户属性要填写"一般户"（表2-4）。

表 2-4　　　　　　　　　中国银行预留印鉴卡

户名		账号	
地址		币种	
联系人		账户属性	
联系电话		是否通兑	
预留银行签章式样			

宇凡说这些信息完善后再交回开户银行。银行通过电子扫描将卡片上的预留印鉴扫到电脑系统中，以后出纳每次提现、转账都需要通过电子设备来验证支票上的财务与法人章印记是否与预留印章一致，即使有一点纰漏系统都过不去。

各单位因印章使用日久发生磨损，或者改变单位名称、人员调动等原因需要更换印鉴时，应填写"更换印鉴申请书"，由开户银行发给新印鉴卡。单位应将原印鉴盖在新印鉴卡的反面，将新印鉴盖在新印鉴卡的正面，并注明启用日期，交开户银行。在更换印鉴前签发的支票仍然有效。

听到我的话，钱宇凡脸上露出似笑非笑的表情，调侃地说："不知道怎么，恍惚记得跟某个人签租房合同的时候，某个人向我拍胸脯，说以后生活问题就交给她了，保证尽职尽责。小美，你说我是不是老了，记糊涂了呀？"

"不糊涂，钱哥你正英姿勃发怎么可能糊涂呢！要糊涂也是我糊涂呀！"我忙谄媚一番，然后说，"钱哥，你不是在考我吗，怎么突然转移话题了呢？来来，你继续出题目考考我吧，来考验一下我这段时间学习的成果！"

钱宇凡戏谑地看了我一阵，看得我脸都红了，他终于放过了我，问我："好吧，那你说说银行预留印鉴该怎么保管吧。"

"这个简单呀。财务章和法人章分开保管，相互制约监督！"我脱口而出，随后也卖了关子，"而且吧我觉得财务章与法人章如同古代传说中的两个人物……"

"快说，哪两个人物？"

看着宇凡焦急的神情，我慢条斯理地说："古代传说中一年也只有一次相见的可能，如果下雨，他们还未必能相见。那一天就是七夕情人节哦！"

"你说的是牛郎和织女！"

"没错。"我点着头，"牛郎织女像不像财务章与法人章呢？本来同属财务部门保管，而且盖支票时两个印鉴都不可少，但如果没有特殊情况，彼此从来无法见面，完全就是牛郎和织女嘛！"

宇凡为我的比喻赞叹不已的同时，又说我满脑子风花雪月，谈论财务知识还不忘七夕情人节！

随后我再接再厉，继续卖弄了一番专业知识。

银行预留印鉴的保管原则，与财务相互制约、相互监督的原则息息相关。

因为银行预留印鉴主要是用于开支票，而企业出具的支票原则上应过两道关：一是会计根据企业的出款需要，填开支票，并盖上财务章；二是法人审批该支票的用途，通过后盖上法人章。

在具体的操作中，财务章在财务主管处保管，法人章在出纳处保管，使用的时候要登记，相关领导责任人要签字确认。

这样，才能有效地避免财务人员做出损害企业利益的行为。

最后我说："有的企业图方便，把财务章和法人章都放在出纳手里掌管，这样不仅对资金安全有威胁，也对出纳不负责任。所以银行的预留印鉴呀，还是要按照保管原则妥善保管的！"

钱宇凡笑着揉了揉我的脑袋，说："不错不错，小丫头原则性还挺强的，对财务工作的认知也越来越深刻了。"

钱宇凡每次夸奖我，都让我特别的开心。我任凭他的手把我的头发弄成了鸡窝，看着他的笑靥，觉得今天就算再多跑两趟银行也算值了！

# 预支备用金没你想的那样简单

我坐着钱宇凡的车回到了公司，笑容一直挂在脸上。

赵姐问我："遇到什么好事儿啦？瞧你一直笑得跟朵花儿似的。"

我说："没有呀。哪里有？"

这时钱宇凡停好车走进来，路过我们出纳室时跟我打了个招呼，我也顺便跟他道谢，谢谢他带我回来。

宇凡走后，赵姐顿时一脸的戏谑："哦哦，原来是和钱总一路回来的呀！"

明明没什么事的，在她这种语气里也像有事要发生。我脸上有些挂不住，低头说："顺路嘛，正好钱总去银行谈融资，他就带我回来了。"

赵姐摆手，挤眉弄眼地说："不用解释，我又没说你什么。不过钱总确实是个不错的男人，小丫头挺有眼光的嘛！"

"我哪有！"我顿时羞红了脸。人家钱宇凡是有女朋友的好吗，我哪会这么不顾道义抢别人的男朋友啊！

这么一想，我像打蔫的向日葵，如同做错事的孩子埋下了头。也说不清赵姐是冤枉了我，还是她说的就是事实。

我懒得再想了，还是工作吧。工作要紧！

按照现金入库的要求,我和赵姐两个人一起清点了现金。确认金额无误后,我们把钱放进了保险柜。

这时销售部门的小李来预借现金,她一进来就对赵姐说:"赵姐,我们部门的备用金不足了,你们现在有现金补吗?"

听到备用金三个字,我迅速打开记忆的大门,在脑海中搜寻有关备用金的知识(图 2-29)。

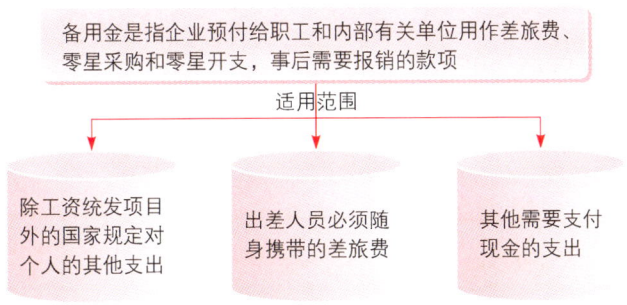

图 2-29　备用金适用范围

赵姐朝她摆了摆手:"现在这些事儿都不归我管啦,你问小美吧。"

我对小李笑了笑:"刚刚去取了钱,现金是有的。只是你的预支单带了吗?"

之前我也做过差旅费这种个人的备用金,和现在小李要的内部有关单位的备用金差不了太多,对借支备用金的基本流程,我还算了解。

有预支单,借支备用金的业务才能进行下去呀。因为备用金借款流程第一项就是需要填写三联的预支款单。

备用金借款流程(图 2-30):

图 2-30　备用金借款流程

小李拿出预支单给我："带了带了，你给看看。我们部门吴主任、王总，你们财务经理钱宇凡都签字确认了（表2-5）。"

表 2-5　　　　　　　　　预　支　单

申请部门	销售部	申请日期	2014年9月30日	编号：012
凭据	□申请单　　□其他_____			
付款方式	☑现金　□电汇　□贷记　□支票　□冲销借款单			
受款人	李明			
拟结账日	2014年10月8日			

事由说明	金额								
	佰	拾	万	仟	佰	拾	元	角	分
销售部业务需要，申请部门备用金。				3	6	9	0	0	0
合计				3	6	9	0	0	0

人民币　零佰　零拾　零万　叁仟　陆佰　玖拾　零元　零角　零分

核准：王刚　　财务部负责人：钱宇凡　　部门负责人：吴远　　出纳：　　借款人：李明

我接过单据，便在小李眼巴巴的注视之下，开始一项一项地审核起来。出纳人员在支付现金之前需要对三联借款单进行审核，确保无误后才能够付款。

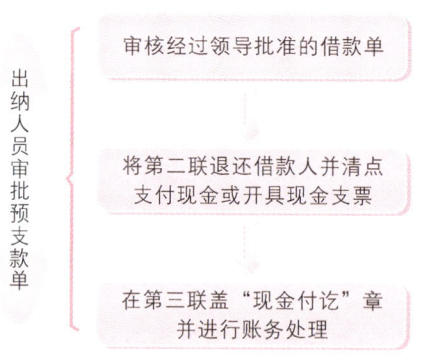

图 2-31　出纳人员审批预支款单

预支单的审核主要是审核一下借支的款项金额是否符合规定，日期，签名，用途等是否正确，如果没有问题，就可以进行下一步，支付现金了。

我核对了她的预支单，并没有什么问题，便顺便问了她一下："你这个借支金额是从哪里来的啊？"

因为部门和个人的借支还是有所不同的，个人的借支金额需要遵守以下的规定：

对备用金借款金额的规定

1. 因公出差人员借款限额，按预计出差天数及标准核定；
2. 车船票、飞机票按预计金额借款；
3. 住宿费、补助费按每人每天 100 元借款；
4. 如有特殊原因需增加款项时，应在借款单上阐明理由；
5. 零星物资采购，按计划金额借款；
6. 周转金、备用金的限额，按财务部核定的数额借款；
7. 其他借款应根据实际情况填写借款单，不得多借。

而我听说，部门的备用金借支却不会写明具体的用途，也不一定有很具体的用款计划，甚至连限额都不一定有。大多只是经过一些领导的审核，有关部门都同意之后，便会付款。所以我很想知道，我们公司对部门备用金的借款金额有什么限制没有。

没想到小李还没有回答我，赵姐倒先对我提了问："你觉得这个金额是怎么来的？"

现在我对赵姐的提问都挺慎重的，她不会无的放矢，肯定是听出了我的话有什么漏洞。我说："是小李部门先提出大致数据，交给会计经理审核确定一个金额，然后再交钱总确认，最后由老总签字确定，得到的金额吧？"

赵姐摇摇头，说："你说的流程对，但金额来源不对。这个金额不是会计经理确定的，而是本身就有文件规定的。备用金借支，可不是咱们财务怎么说怎么算的！"

借款时，三无借款是绝对不允许的。三无借款是指：借款金额无度、借款无去向、借款无计划。

赵姐说:"在建立财务制度的时候,里面对部门备用金的借款流程、范围都已经做出了明确的规定。我不知道你在哪里道听途说了错误概念,但是你最好不要想当然地扩大了财务的能力范围,这种行为是很危险的!"

赵姐说话的语气很严厉,我有点被吓到了,忙不迭地点头称是。

赵姐又叹了口气,说:"其实这个点在财务制度里确实不怎么明显,你上次看过财务制度,但也没有注意到它是不是?"

我点头。

赵姐说:"那你以后就要注意了。知识这种东西呀,都是在实践里慢慢融会贯通的。只要你坚持下去就会有结果,只是一定要注意不能想当然,要注意看,要多查证。像备用金这一个知识点,你看,我们公司不仅对金额有规定,对借款的归还期限也是有规定的。"

赵姐将翻开了的财务制度递给了我看——

"公司内部需要建立备用金管理办法,明确借款流程,以及借款范围。超过一定限额需要由部门经理审核。财务部门需要定期对备用金的去向进行核查,催促借款人及时冲账。"

对于预支的备用金,并不是说借出去后想什么时候还就什么时候还。这同样有明确规定。

职工借款的归还期限

(1)出差借款自最后一天的住宿日期或回公司所在地的车船票日期算起,在十日内,到财务部门办理报销及还款手续;

(2)零星采购以购货发票日期为准,在十日内,到财务部门办理报销及还款手续。

如果超过时限,出纳人员有权利向借款人催还预支款,或者让其及时拿发票来冲账。否则视为其借款违规,甚至有挪用公款之嫌，要受到一定惩罚。实际上，我们公司不仅对借款的归还期限有规定，还规定了逾期不归还的惩罚：

若不按以上规定期限归还，则会受到相应惩罚

职工借款后，不按本制度规定办理还款手续的，一律视为挪用公款，并按以下办法给予处罚：

（1）超过购货发票日期及超过最后一天住宿日期或回本地车船票日期十天，未还清借款的，从第十一天开始，按日计收罚息。由财务部门出具收据，从借款人工资或报销的费用中扣回。罚息计算公式如下：

$$罚息数额 = 借款金额 \times 超期天数$$

（2）职工出差回本地后超过一个月未到财务部门办理结算手续的，除执行罚款外，取消其享受出差补助费的资格。

给小李预支了备用金，赵姐叮嘱她说："取走现金记得来冲账，冲账带发票，增票普票都可以，尽量开增票，冲账要及时啊。"

小李冲她扮了个鬼脸："知道啦，我每次来领钱您都要叮嘱一遍！"

赵姐笑呵呵地说："这是职业操守嘛。今天小美可能忽略了这个问题，但以后小美也是要继续叮嘱你的。"

小李做出个愁苦样儿："赵姐，不带您这样的啊。本来您就够敬业的了，现在还要带出个更敬业的小美，这以后我们想糊弄财务得多不容易啊！"

"糊弄的这种心思，想都别想！"赵姐笑斥道。

小李拿着钱走了，赵姐问我："刚才给你讲预支金额的时候我说话有些直，你有没有不高兴？"

我忙摇头："怎么会。有问题就该当时就提出来，放过去了再说的话，还怕说不清楚呢。再说你是为了我，我才不是不明事理的人呢。"

"我也觉得你不是，所以才会这么愿意教你。"赵姐说着，又跟

我补充了一些备用金的知识：

备用金分为两种：一种是非定额备用金，另一种是定额备用金。非定额备用金采取的原则是随借随用、用后报销，而定额备用金则需要一次领用、定期报销、简化手续、补足定额。

赵姐说："因为发生的金额和次数都不多，所以现在咱们这边只是做了个备用金借支的电子档，财务自行存档备查。以后要是业务量变多了，你也要像日报表一样每天发给钱总。"

我点头说好。

赵姐又说："你的理论知识经过这段时间的恶补，已经算是很不错的了，只是还缺少实践。以后要多操作，有问题就去找制度来看，跟着制度走是绝对不会错的。"

我又点头，说："好。"

赵姐接着说："你刚来的时候无知得简直像个门外汉，一点也不像会计专业出身的人，为这我还蛮埋怨钱总，怎么能弄这样一个人来接我的班。但是这两个月来，你工作的劲头真的远远超出了我的期待。你细心，能吃苦，还肯钻研，虽然底子不好，时而犯个小错，但是论认真踏实，无人能比你强。态度决定一切，我现在很看好你，你肯定能胜任出纳的工作。"

赵姐一向不是这么多话的人，也从没像这样夸过我，不知怎的，我虽然欢喜，但心里更多的却是不安，有种不祥的预感。

果然，赵姐又跟我说："明天我就不来了，你尽早去人事那边办转正手续吧。你也学得差不多了，我相信你会很快就会对这份工作游刃有余了，你可以的，对不对？"

她的话说完时，我的鼻子都酸了。

时间过得真快啊，一晃眼两个月竟然就过去了。

还记得两个月前过来的时候，我还满腔的兴奋，庆幸自己遇到好机会，正好能顶替退休的老出纳。但现在赵姐要走了，我却是那么的不舍。

"我做不到，"我哽咽着摇头说，"两个月怎么够我学会您的本事，我肯定做不到您那么好的，所以赵姐，就算你回家了也要常来看我!"

"傻孩子,天下无不散的宴席呢。"赵姐摸摸了我的头,递给了我一本笔记,"该教的我都已经教你了,这是这些年工作记下的笔记,你拿着用吧,说不定会派上用场。从今往后我的位置就交给你了,小美,你要加油!"

我接过笔记,喉头已经哽咽得说不出话来了。

大学的时候,曾听一位学姐说:"如果一个前辈她愿意对你倾囊相授的话,她便是你的人生导师。"只是这样的人很难遇到,遇到一个便是难得的运气。

我的运气很好,我遇到了赵姐,她就是我的人生导师,也是我的职业生涯里,最初也是最亮的一盏灯。

这天下班了之后,赵姐便没再出现在公司里了。出纳室里只剩下了我一个人,属于王美丽的独立出纳生涯,正式开始了。

我紧紧握着赵姐留给我的她的工作笔记,暗暗说,赵姐,我不会辜负你的期待的。

王美丽,你是独一无二的王美丽,你会成为一名最好的出纳的,加油!

第三章

挫折！人生低谷勿忘阳光

银行账户的分类和管理
基本户、一般户的开设
银行账户的使用细节
银行对账单的使用
挑账与对账
银行余额调节表的编制
未达账项的查找
银行存款的清查
坐支行为及处罚

通过本章，小美掌握了如下技能

 爱人好比基本户，闺蜜堪比一般户

看了赵姐的工作笔记之后，我才知道赵姐是个多么出色的出纳。她的笔记里几乎包罗了我工作中会遇到的所有问题，对我工作的作用简直堪比电脑的操作手册之于电脑操作了。

这样得心应手地过了一个月，我们企业发生了一件事，而这件事让我的职业生涯有了天翻地覆的变化——我们企业改制重组后未上市，成为了存续企业！

企业在通过改制重组后，以集团公司或母公司的形式存在的未上市企业，被称为存续企业。通常情况下存续企业有两种存在形式：

（1）特指一个企业接纳其他企业（目标企业）加入本企业，目标企业解散，接纳方继续存在（称为存续企业）。

（2）国有企业通过存续分立改制方式上市后，以集团公司或母公司的形式存在的未上市企业，被称为国有存续企业。

其实这件事不是没有预兆的。

之前还在实习期的时候，就有听到同事说我们企业要收购一家汽车公司。后来拖拖拉拉的一直没有信儿，我还以为那只是误传呢，没想到公司领导不鸣则已，一鸣惊人，不动声色地就将艾迪汽车公司兼并到了名下。

并购的过程并不是简单地把两个公司合并在一起，仅仅从财务上来说就有着极大的影响。对外，会对企业执行的税收政策产生影响；对内，借支、报销、做账也需要重新磨合。

因此，随着汽车公司的加入，我这边的工作量巨额增加了。又因为存续后出现了许多新问题，一时间我分身乏术，恨不能像孙猴子一样拔根毫毛吹出满地的猴崽子来帮忙！简直快要疯了。

但没过多久，钱宇凡来找我谈话。这段时间，他其实比我更忙。企业刚刚兼并，对方的财务清算要由他来主持，而原本公司的业务也要继续，外面的融资工作少不了他的存在。我偶尔还能在凌晨之前回家，但是他却忙得连家都没时间回。但是他大概是看出了我的状态不太好，仍是硬挤出了时间跟我聊了合并后的工作问题。

这种做法让我很感动，当然更感动的还是他说的"我这边已经在招聘新的出纳了，大概下周才能有结果。现在希望你能顶一下，我知道你确实很辛苦，已经跟老总说了，这次普调薪水的时候会有你的名字。"

我突然发现，惊喜总是在不经意间从天而降！本来是做好了无偿加班的心理准备，没想到还会有这样的回报，让我喜出望外。

我向钱宇凡拍了胸脯："钱总你放心，我这边一定会做好的，绝不辜负你的期待。"

钱宇凡揉了揉我的脑袋："那我就拭目以待咯。"

"你就瞧好吧！"

我遇到的第一个企业存续后的问题，就是要增设一个一般存款账户。银行账户准确的说法是"银行结算账户"，"结算"两字尤为重要。它是存款人在经办银行开立的办理资金收付结算的人民币活期存款账户。

刚才提到的"存款人"是指在中国境内开立银行结算账户的机关、团体、部队、企业、事业单位、其他组织、个体工商户和自然人；银行是指在中国境内经中国人民银行批准经营支付结算业务的政策性银行、商业银行（含外资独资银行、中外合资银行、外国银行分行）、城市商业银行、农村商业银行、城市信用合作社、农村信用合作社。

我翻阅了一下资料，银行结算账户按照存款人不同，分为单位银行结算账户和个人结算账户。对于单位而言，又可以按照用途分为四类，这点对于我们出纳而言是非常重要的知识点（图3-1）。

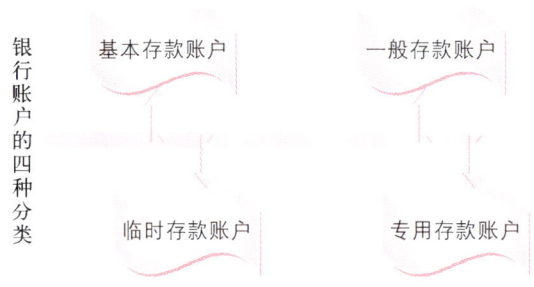

图 3-1 银行账户分类

现在我面临的正是要开设一般存款账户。

突然想起，前些日子宇凡曾给过我一张空白的银行预留印鉴卡，特意嘱咐我在账户属性一栏要填写"一般户"。原来他早有安排。我按照预留印鉴卡的内容填好，倒没有什么难点。只是在盖章的时候要特别小心。

中国银行预留印鉴卡

户名	北京精典公司	账号	020102019083898
地址	北京市海淀区	币种	人民币
联系人	王美丽	账户属性	一般户
联系电话	12345678	是否通兑	是
预留银行签章式样			

图 3-2 中国银行预留印鉴卡

在筹备资料的时候，我突发奇想，如果把公司和银行账户看成是异性关系的话，可以来打个这样的比方：

基本户，即基本存款账户，就是公司的爱人，是独一无二的，仅此一个。

> **小美心得**
> 基本户＝爱人
> 一般户＝闺蜜
> 临时户＝一面之缘
> 专用账户＝业务伙伴

这是因为，相关法律、法规规定：基本户是办理转账结算和现金收付的主办账户，经营活动的日常资金收付以及工资、奖金和现金的支取均可通过该账户办理。

存款人只能在银行开立一个基本存款账户。开立基本存款账户是开立其他银行结算账户的前提。

而一般户，也就是一般存款账户，则是闺蜜，或者合得来的朋友。有多少个闺蜜和朋友，就看你有多大的魅力，有多大的需求了。一般户比喻成闺蜜并非是因为关系"一般"，而是说闺蜜的数量不仅局限于一个哦。

一般存款账户是存款人因借款或其他结算需要，在基本存款账户开户银行以外的银行营业机构开立的银行结算账户。它不像基本户那样独一无二，而是可以开设多个一般存款账户，正如闺蜜可以有多个一样。一般存款账户可办理转账结算和现金缴存，但不能办理现金支取。

临时存款账户，是有一面之缘的朋友，比前两者生疏不少。

临时存款账户是存款人因临时需要并在规定期限内使用而开立的银行结算账户。因异地临时经营活动需要时，可以申请开立异地临时存款账户，用于资金的收付。

专用存款账户，那就是纯粹的业务朋友啦。来往分明，目的性很强。

专用存款账户是存款人按照法律、行政法规和规章，对其特定用途资金进行专项管理和使用而开立的银行结算账户。

这四个账户中，最易混淆的就是基本户和一般户。

我记得第一次见到这四个账户的时候，那时赵姐还没退休。她给我讲解电子版的日报表（表 3-1），我一看到那些账户就懵了。

表 3-1　　　　　　　　　　北京精典公司日报表

编制单位：财务部　　　　　　　　　　　　编制日期：2014 年 9 月 30 日

账户 金额	中行基本户	工商一般户	精典学院（建行）	现金	合计
上期余额	1 543 210	1 532	1 657.9	52 145	1 598 544.9
本期余额	6 393 210	4 532	1 657.9	43 867.8	644 3267.7
现金收					
	1. 收到后勤部废品收入				865.1
	2. 收到后退借支				200
小计：					1 065.1
银行收					
中行基本户	1. 收到鹤壁职业学校 E-RTE2 货款				5 000 000
	2. 收到滨海市财政局货款				300 000
	小计				5 300 000
工商一般户	1. 收到风向标公司投标保证金				3 000
	合计				3 000
精典学院	1.				—
	合计				—
收入合计					5 303 000
现金付					
	1. 李有才借支				2 000
	2. 研发部备用金借支				5 000
	3. 后勤部报销菜金				2 342.3
	合计				9 342.3
银行付					
中行基本户	1. 支付郴州金属有限公司货款				450 000
	小计				450 000
工商一般户	1.				—
	小计				—
精典学院	1.				—
	小计				—
支出合计					450 000

我琢磨了几遍,没有弄懂这其中的道理,当时曾问赵姐:"中行基本户和工商一般户是我们公司分别在两个银行开的两个账户吗?"

那时候我以为这种账户的名字就像会计的三级科目一样,是对科目一个补充说明而已。在中国银行开的第一个账户叫基本户,第二次开设的账户就叫一般户。

赵姐当时一听就笑了:"小美,你还是多看看书吧。"

听她这样一说,我的脸顿时火烧火燎。真切感受到自己的不足与无知。也是从那时起,我痛下决心,要将银行账户彻底搞透。

基本存款账户(也叫基本户)是每个企业都必须设置的,且每个企业只有一个基本户。通过基本户核算的每笔业务,企业都应详细记录。

在开设基本户的同时,多数企业为了方便企业的日常工作,也会在企业的附近或其他合适的地方重新开设一般存款账户(也叫一般户),有时也是因为向银行借款而在借款银行开设一般户,每个企业可以根据需要在多个银行开设多个一般户。基本户和一般户基本成为企业核算往来的主要银行账户。

国家对一般户有一个限制,就是不得提取现金。实际工作中企业为了方便或急于用现金也会通过其他方式从一般户中支取现金。其中主要方法是填开转账支票转存到个人户再提取出来(因为一般户不能提取现金,所以不能办理现金支票)。

而那个精典学院的建行账户,则是一个专用存款账户。它的设立是因为市工会要求我们企业的员工都要加入工会,特设立的一个专门用于核算工会经费的账户。

看看,其实还是很简单的吧?想想当初在赵姐面前丢人的场景,简直为自己当初的不学无术无地自容呀!

恩,再来对应一遍——

处理业务的主账户是基本户;

为了企业日常工作方便设立的多个账户是一般户;

因临时需求开立的账户是临时账户;

因特定需求开立的是专用存款账户，分别对应着爱人，闺蜜，一面之缘的朋友，和业务客户。如此一想银行账户 so easy 啦！

对了，再补充说一下。在并购之前，我们公司是一个基本户、一个一般户和一个专用账户，现在兼并了艾迪汽车公司，我就要去中国银行再办理一个一般户。这可不是政策要求，完全是公司业务的需要！

之前我们的账户少，是因为我们企业的主要业务和往来都不算复杂，借款之类的也主要是定点在两家银行办理。但现在兼并的艾迪汽车公司却不是这样，他们公司之前与多家银行都有合作关系，这些不可能全部废弃。所以按照他们的要求，为了维持与中国银行的一家支行的业务关系，我就要去这家支行再办理一个一般户。

现在我准备好了各种证件、印章和材料，向银行出发吧！

 将"小三"的念头扼杀在襁褓中

我带着营业执照、税务登记证、组织机构代码证、基本户开户许可证、法人代表身份证复印件、我的身份证复印件、法人私章、财务章，还有一枚公章，到了银行。

银行柜台人员见是我，热情地说："艾迪公司就是跟你们公司合并了呀？哈哈，我是小张，以后咱们就要配合工作了，多关照呀！"说着，她递给了我一份申请表，"这是'开立单位银行结算账户申请书'，你先把这个填了吧。（图3-3）"

开立单位银行结算账户申请书

申请开户单位全称		地　　址		
		电话号码		
主管部门名称		上级管理部门名称		
账户资金来源性质				
已开账户情况	开户银行	账　号		账户名称
上级管理部门意见	(签章) 年　月　日	申请开户单位公章	(签章) 年　月　日	
以下各栏由银行填写				
业务部门意见		会计主管意见		
科目		账户名称		账号
营业执照	发证机关		开户日期	
	编号		年　月　日	

表 2-2　开设账户证明

兹同意＿＿＿＿＿＿＿＿＿＿＿＿＿＿＿＿＿＿＿ 在中国××银行××市分行××办事处 开设基本存款账户。	
批准单位公章	
	××××年×月×日

表 2-3　中国××银行××市分行××办事处印鉴卡

户名				
地址			电话	
启用日期	年　月　日			
申请开户单位印鉴			××银行印鉴	
单位财务专用章	财务主管	签章		
	出纳人员	签章		
印鉴使用说明				

图 3-3　开立单位银行结算账户申请书

这些项目全部根据实际内容填写就可以了，就是到财务主管签章这一格时，我难住了。财务主管？这是指的财务经理张经理，还是我们钱总啊？难道现在我再跑回去一趟让他们盖这个章？

于是我问了问工作人员小张："我们财务主管不在这里，签章这一项怎么处理啊？"

小张问我："你有没有带他的私章？"

我想起了我包里的那一枚法人私章："我只带了法人的私章。"

小张说："这就可以啦。你盖法人的私章吧，都是有法律效力的。"

小张继续介绍，这些申请表都是用来存档，以后备查。财务主管这一项，只要签字的是能对公司财务工作负责的人就可以了，由财务主管签字可以，盖法人的私章当然也是可以的啦。

这时，我不由感激起钱宇凡来。这是他提醒我带的，他说出门办事必带三章——公章、财务章以及法人代表章，我才会带上这枚章，没想到在这里就派上了用场。

填完申请表，我交给了小张："还有什么要做的吗？"

小张笑了笑："没什么了，把你的申请材料给我，我交上去审查，等结果就行了。"

"是给你们行长审查吗？要几天能出结果啊？"

小张说："我们行长确实要复核一遍，但最后的审查可不是我们做的，是交给中国人民银行，也就是央行审查的哟！你不用着急啦，最多三个工作日就能出结果，到时候我们会通知你的。"

至此申请开设银行账户的过程就结束了。我趁热打铁，回味了整个过程（图3-4）。

小张说只要三个工作日就能出结果，倒是挺快的。就是最后一步审查竟然是由中国人民银行审查的……我有些惊讶。

我问她："这不是我们在你们银行办的账户吗？怎么会由中国人民银行审核啊？"

小张说："因为中国人民银行是咱们国家权力最大的银行嘛。这些东西都是由他们审核的。"

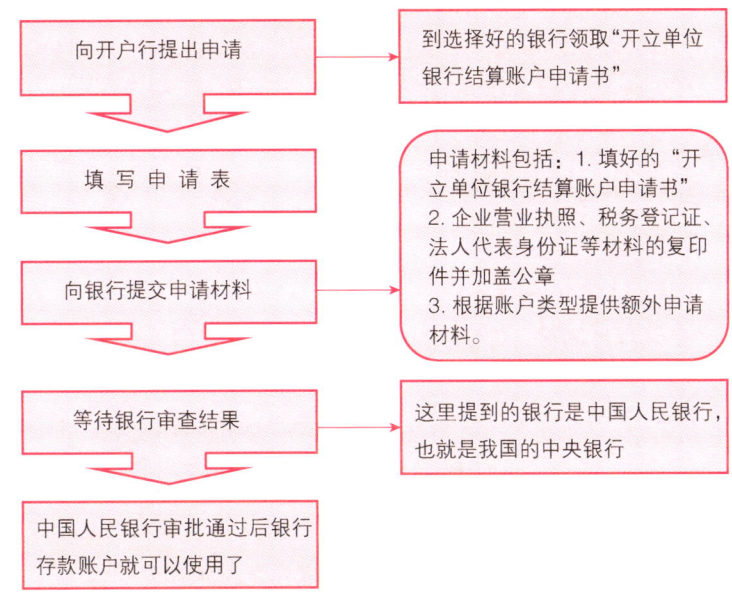

图 3-4 开设银行账户流程

小张这里说得不清不楚,我也不好意思多问,于是离开之后就给钱宇凡发微信请教了。而钱宇凡也不负所望地给我解释了这件事的原因。

中国人民银行在中国的地位是极特殊的,它有三个特征(图3-5)。

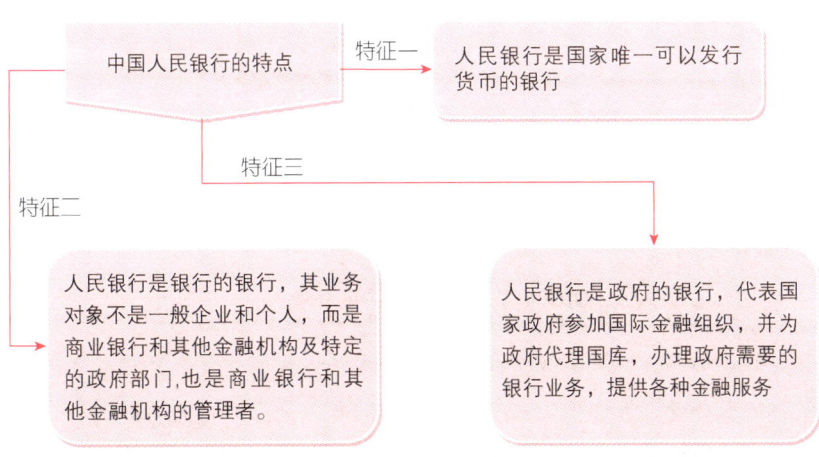

图 3-5 人民银行特点

也就是说，中国人民银行并不是咱们的私人银行，不面向大众。它的客户主要是银行，对政府负责，可以说它要比普通的银行高一个等级。这就难怪中国银行不能做主的事，都要交给它拍板啦！

因为我一直在跟钱宇凡发微信，不小心就撞到了一个人，我忙不迭地跟她道歉。

被撞的大姐挺实在，她揉着脑门儿，大声说没事，又叹了口气："今儿真是倒霉，办个一般户也没办下来，出门还被人撞。"

咦？

我问她："为什么一般户没办下来啊？银行故意卡你吗？"我觉得小张她们办事挺热情的啊。

大姐说："倒也不算是故意卡。柜员说我们的基本户是在这个支行办的，不允许我们再在这里办一般户了，她说银行是有规定的。现在也只能去厚德路那边的中国银行去办了。"

原来是这样啊！

我笑了笑，表示自己又长知识了。随后，我总结下面这个思维导图（图3-6）。

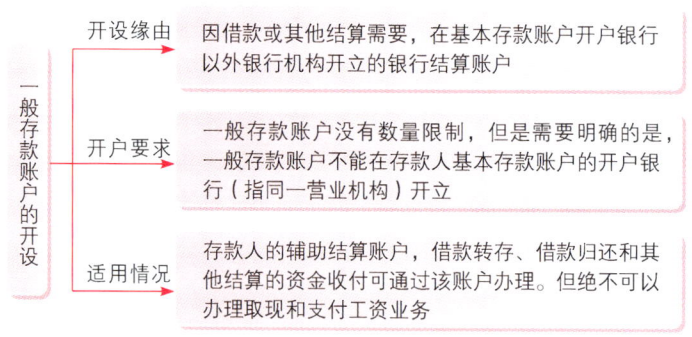

图3-6　一般存款账户的开设

等一般户开好的时候，钱宇凡也慢慢的没那么忙了，周末也常常在家里待着。我问他为什么不去找女朋友，他说女朋友很忙，让他不要去打扰她，又开玩笑似地反问我，是不是觉得给他做饭麻烦，想赶他出门了？当时我不知道自己怎么想的，脱口而出地说：

"怎么会，我愿意给你做饭。"

钱宇凡挺开心的，揉着我的头赞我懂感恩，有前途。而我却身体僵硬，因为他的靠近而脸上热得一塌糊涂。混混沌沌，我突然有些明悟，我不会是真的喜欢上钱宇凡了吧？

但这个念头一升起来，就被我一巴掌狠狠拍灭了。

我小美不是那种没有廉耻的小姑娘，从小思想品德好，拿着三好学生奖状长大的，看到电视剧里有小三都要呸两口，我怎么可以抢人家男朋友呢？我决定把这件事自己咽下了。

因为这，瞬间我的情绪低落了许多。

钱宇凡看出了我的不对劲，问我怎么了，我搪塞他说前男友来找我了，他便不再多说了。只是淡淡地对我说："当断不断，反受其乱。如果分手很痛苦的话，就多工作吧，工作会让你忘记痛苦的。"

宇凡还给我开了"良方"，他的"良方"就是在某国有银行给一个刚刚成立的外贸公司建立银行基本户。

这段时间我对我们本地的银行也有所了解了，知道该国有银行开户费都是一千到两千不等，每年还有服务费几百元，财务费用耗费很厉害。而一些非国有银行就不一样了，他们不要开户费，且服务费也要少很多，甚是划算。

但钱宇凡听了我的话就笑了，他耐心地跟我解释："小美，账不是这么算的。这家国有银行的开户费确实有点贵，但是你知道吗，咱们这里的国税局和地税局都是通过他们扣款的。咱们如果在非国有银行开了基本户，那以后是不是还要为了税款缴纳再去那个国有银行开一个一般户？所以在该国有银行开基本户很划算。"

原来……开户还要看税局在哪里扣税啊！

我又卖弄我的无知了。我老实地拿着相关资料，去了离我们最近的工商银行的网点，给这个新公司开了一个基本户。如果是过去，去银行开户必备三样东西，分别是营业执照、税务登记证以及组织结构代码证（图3-7）。

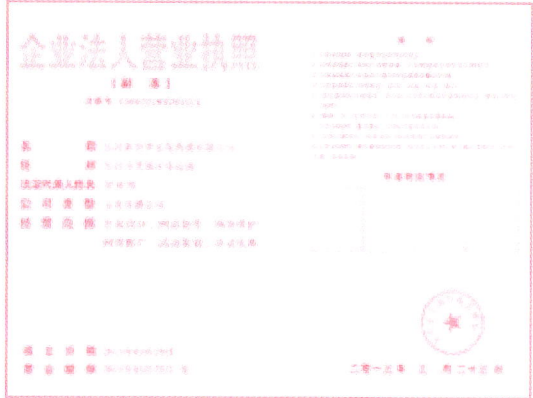

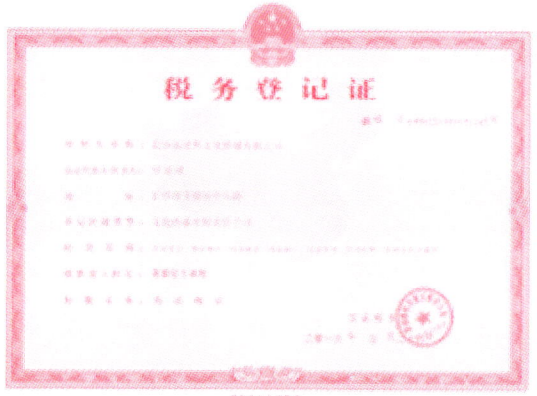

图 3-7　营业执照、税务登记证、组织结构代码证

但是现在只需三证合一后的营业执照就可以了。上面有统一社会信用代码，即我们常听到的"三证合一，一照一码"。

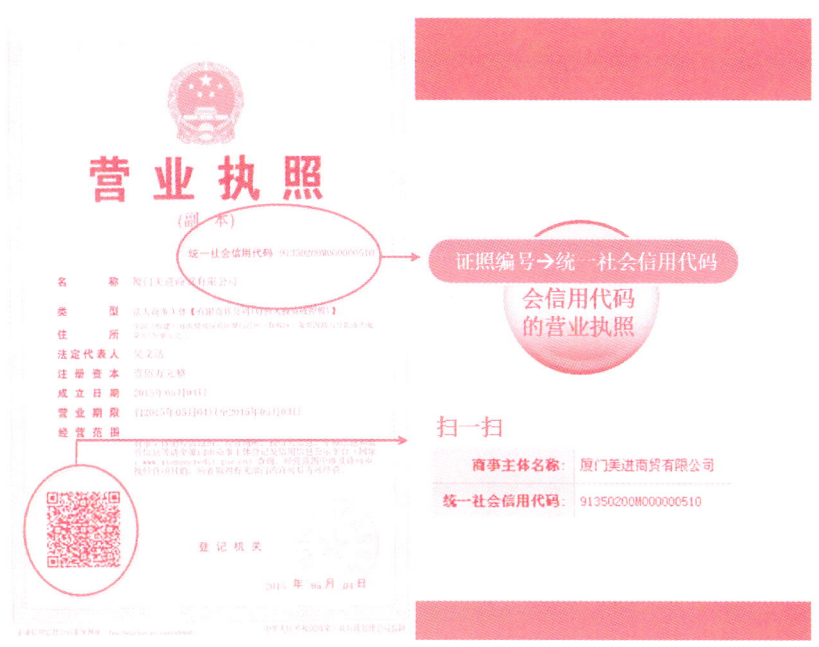

图 3-8 营业执照

我拿到新营业执照后对上面的代码还一头雾水,是后来宇凡跟我解释清楚一照一码所代表的意义。

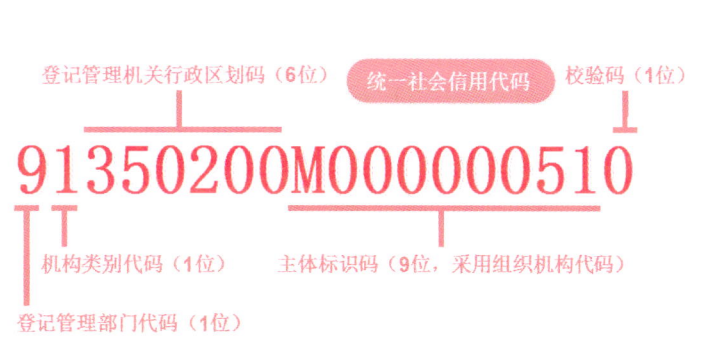

图 3-9 统一社会信用代码

除新的营业执照外，法人代表及经办人身份证复印件也是必备的。

这是去之前给银行柜员打电话的时候，她亲自告诉我的哟。在钱宇凡的指点之下，我也学会了办事之前先预约了！

出纳经办的各项支付业务，最常使用的也是基本存款账户（图3-10）。向供应商电汇货款、送存现金、收到支票进账都需要通过基本存款账户。公司大部分资金也都是存在银行基本账户内。

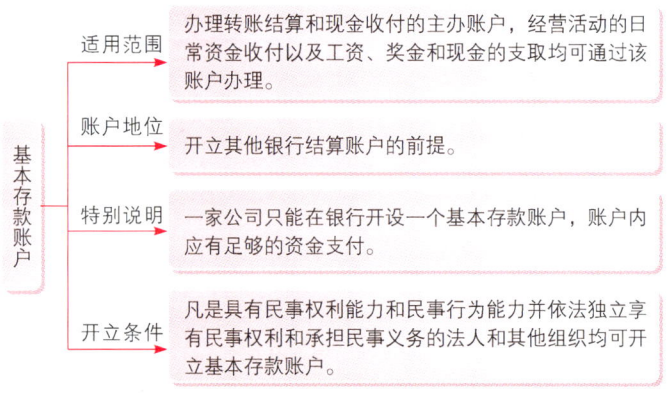

图3-10　基本户的特征与说明

这个账户办完，我心里还挺有成就感的，毕竟我还是第一次参与到公司开办的事务中来。

而办完之后，我又发现了一点小秘密——这个公司的法人代表竟然和我们公司法人代表是一个人！

我问钱宇凡："这是我们老总新开的公司吗？"

钱宇凡点头："是呀。咱们公司想开拓一下外贸业务，这个分公司其实就约等于咱们的国际部，不过这个公司里还是会配备所有应该有的职位，而且工资应该比我们这边都要高一些。"

"也有会计？"

"那是自然。"

我不由想入非非："那我能去吗？"我想如果能离钱宇凡远一点的话，或许我就不会这么痛苦了吧？

钱宇凡又揉了下我脑袋："挺有志向的呀，小美。你当然可以去，只要通过了考核，谁都会有机会去。加油吧！"

晚上回到房间，快要睡觉的时候，宿舍老大发来微信，她说越来越对审计工作感到麻木了。每天睡眠严重不足。我问她是不是瘦很多？她说，没瘦，反倒被摧残得虚胖了五斤。

我看她这间房是彻底不打算租了。细想想，很多事或许都是命中注定，租房的时候她操办了一切，可最后她几乎没怎么住，而却让我和宇凡有了这样的相识机会。

想到这里，我心中生出了几分忧伤。如果宇凡没有女朋友的话，此时的我或许会感到甜蜜，可是他现在已经有了女朋友，我的非分之想只能给我带来痛楚。那句话说得没错，爱情就是在正确的时候遇到了正确的他。

临睡前脑子很乱，于是翻开了笔记本，总结了一下银行四类账户的知识点（表3-2），在这些小知识点中悄然入睡了……

表 3-2　　　　　　　各类银行账户概念及特征

账户名称	概念	使用范围	开户证明文件	开户程序	特殊规定
基本存款账户（只可以开一个）	存款人因办理日常转账结算和现金收付需要开立的银行结算账户	可以收付转现金	营业执照、批文、登记证书、证明	向开户行申请→开户行审查→报送中国人民银行分支行核准（2个工作日）→开户成功	主要办理存款人日常经营活动的资金收付及其工资、奖金和现金的支取
一般存款账户（没有数额限制）	存款人因借款或其他结算需要，在基本存款账户开户银行以外的银行营业机构开立的银行结算账户	借款转存、借款归还、其他结算，可以存不可以取现金	基本存款账户开户许可证、开立基本存款账户时的文件（营业执照、批文、登记证书、证明）、借款合同、结算需要的有关证明	向开户行提出申请→开户行对相关文件审查→中国人民银行当地分支行备案（5个工作日）→3个工作日内书面通知基本存款账户→开户成功	实行备案制，无需中国人民银行核准
专用存款账户	存款人按照法律、行政法规和规章，对其特定用途资金进行专项管理和使用而开立的银行结算账户	不得支取现金	基本存款账户开户许可证、批文、证明	向开户行提出申请→开户行审查→预算专用存款核准→开户成功（其他用户备案、5个工作日）	无
临时存款账户	存款人因临时需要并在规定期限内使用而开立的银行结算账户	办理临时机构、存款人临时经营活动发生的资金收付	基本存款账户开户许可证批文、临时机构的批文、营业执照、证明	向开户行申请→开户行审查→报送中国人民银行分支行核准（3个工作日）→开户成功	无

 ## 祸从口出，不要让嘴给身子惹祸

赵姐走之后，我一直都是一个人在出纳室里。但公司合并后不久，我们出纳室便来了个新同事，就是艾迪公司原来的出纳，小梅。

她一来就很亲热地拉我的手："咱们俩挺有缘分的，小美、小梅，听起来就像亲姐妹，以后要像姐妹一样相处哟！"

我天生就是外向的性格，她这么热情地对我，我也很热情地回应了她，帮她找房子安顿，带她认识公司里的同事。

小梅这个人还挺好相处，她个子娇小，常常张嘴作惊讶状，看起来特别可爱，就是说话的时候有些夸张，听起来很让人震惊。

比如谈到艾迪汽车公司跟我们公司的合并时，她不无讽刺地说："说是合并，其实谁不知道，是艾迪的老板把公司给糟不行了，贱卖给咱们公司的！你知道原来那老板什么样吗？那个人哟，啧啧，特别的牛气！动不动就跑到我那边去支钱，还说什么'我是公司的大老板，公司是我的，公司银行账户就等同于我个人账户，我愿意怎么用就怎么用！'每次取都是好几十万。最后弄垮了公司，我真是一点都不意外呢！"

听完这段话，我心里对小梅有一丝的反感。我觉得她有点缺乏职业道德，公司的账户和老板的账户是两个完全不同的概念，公司也不算老板的钱袋子。她作为出纳，管理着公司的账户，明明当时知道老板那么做是错的，为什么不劝阻呢？银行账户使用过程中明确了"四不原则"，她应该知晓！

无论是基本户还是一般存款账户，既然成为公司的银行账户就必然受到相关法律、法规的制约。毕竟公司的存款账户不同于个人。这就好比说整家公司是属于某个老板，但是公司作为社会经济

活动一份子必然要受到《公司法》等法律的约束，不可以随意经营。

晚上我跟钱宇凡说了这件事，钱宇凡沉默了一下，说："以后你离那个小梅远一点，过段时间我就把她调走。"

> **银行账户使用过程中的四不原则**
> 1. 不得任意改变原设账户的用途；
> 2. 不得出租、出借银行结算账户；
> 3. 不得用银行结算账户套取银行信用；
> 4. 不得利用银行结算账户谋取利益。

我慢半拍地想到：钱宇凡，你不会是以为我在跟你告状吧！

我并没有告小梅黑状的意思啊，我只是习惯了遇到事情向他求助而已。钱宇凡他怎么可以这么看我呢！一瞬间，我心里委屈到了极点。

钱宇凡拉住我，说：

"我没有那个意思，真没有！只是这个人的人品有问题，我觉得我们公司不能留这种人而已。我还感激你告诉我这件事呢！"

听到他的解释，我心里好受了不少，语气舒缓地问："真的?"

他点头："当然是真的。小美，你知道我之所以会邀请你来我们公司，就是因为我看重你的人品。你记得咱们第一次见面吧？当时我的钱掉地上，我自己却觉得那不是我的钱，非要给你，但是你却帮我把最近的收入支出一笔一笔列出来排查，帮我查出了那张钱的出处……当时我就觉得你认真负责，而且细心，是做财务的好料子。而后来老板要开空头支票，你更是验证我的眼光。小美，我喜欢你的人品，所以离小梅远一点，别被她给影响了。"

钱宇凡说，他喜欢我……是我的人品。

但这也足以让我乐陶陶的了。我也要谦虚一番，客套地说："你说的这事我都忘记了。我没有你说的那么好啦。"其实此刻我的心里已经开满了花。

特别感激上天，保佑我每一次都做对了选择。

尤其是老板那次要求开具四千万支票，但银行账户资金只有三千多万，不足以支付票面金额。这样开具的支票属于空头支票，无法付款。但老板认为两天内，会有一笔巨款汇入公司账户，不存在不能支付的可能。他是急于给对方支票，让对方以最快速度发货。

　　我十分清楚，开具空头支票这件事本身就有风险，很有可能会给公司带来不必要的经济损失，而且那张要开出的支票也不是一定要当天开出，所以便向老板建议，让他征询下钱宇凡的意见，免得这件事最后造成不好的后果。国家对开具空头支票有明确的处罚规定！

　　《票据管理实施办法》第三十一条规定，"签发空头支票或者签发与其预留的签章不符的支票，不以骗取财物为目的的，由中国人民银行处以票面金额5%但不低于1000元的罚款"。中国人民银行及其分支机构依据上述规定对空头支票的出票人予以处罚。

　　钱宇凡跟老板说明了这些情况，同时也想办法拖延了对方要求支票的时间，老板也就没再说什么。那张支票也没有开，结果皆大欢喜。

　　当时钱宇凡并没有夸我，我心里还忐忑了很久，是后来他跟我说，出纳对于银行账户余额就是要有足够的掌握，不能因工作疏忽造成开具空头支票的情况发生。我才确定我做得对。

　　没想到他心里对我的行为有那么高的评价呢！

　　银行出纳在做工作之前必须要谨记银行账户的管理规定，不得越雷池半步。

银行账户管理规定

（1）认真遵守国家法规、积极配合银行例行检查；

（2）只供本单位业务经营范围内的资金收付，不许出租、出借及转让；

（3）各种收付款凭证，必须如实填明款项来源或用途，不得巧立名目，弄虚作假；不得套取现金，套购物资；严禁利用账户搞非法活动；

（4）银行账户上必须有足够的资金保证支付，不准签发空头的支款凭证和远期的支付凭证；

（5）及时、正确地记载银行往来账务，并定期核对。

因为钱宇凡的提醒，我很自觉地疏远了小梅。但小梅却像没有看出来一般，还跟我讲怎么看银行对账单，让我心里有些愧疚。

那天闲聊，她跟我讲了银行对账单的知识。

银行对账单是银行和企业核对账务的联系单，也是证实企业业务往来的纪录，也可以作为企业资金流动的依据，还有最重要的是可以认定企业某一时段的资金规模，很多地方需要对账单，例如：验资、投资等。

其实赵姐也教过我怎么看对账单（图3-11），但是怎么说呢，财务是一个积累的过程，赵姐教的时候，我也记下了笔记，但融会贯通却需要长时间的练习。

摘要部分一般记录了款项的名目。

现金或银行支票票号的后四位。其他方式收付款自然不存在票据号

这里要特别注意，银行对账单是站在银行角度来记录款项的收付，与公司的借贷方恰恰相反。对账单上的借方对公司而言是付款，贷方反倒是进账金额

银行对账单

对账	日期	摘要	票据号	付款方式	借 方	贷 方	余 额
	2014/10/6	提现	3091	支票	2 000.00		850 000.00
	2014/10/8	付货款	2010	支票	100 000.00		750 000.00
	2014/10/8	收货款		支票		220 000.00	970 000.00
	2014/10/9	收货款		电汇		120 000.00	1 090 000.00
	2014/10/9	手续费		委托付款	2.00		1 089 998.00
	2014/10/9	水费		委托付款	210.00		1 089 788.00
	2014/10/9	付货款	2011	支票	90 000.00		999 788.00
	2014/10/10	付工资	3092	支票	200 000.00		799 788.00

付款方式包括支票、电汇以及委托银行来结算的一些小额费用如水电费、手续费等

银行对账单余额是银行账户中时点金额。最后一笔是2014年10月10日付出20万工资后的银行账户余额。往往与公司内部的银行账存在时点差异，由于票据的取得需要一到两天时间，所以公司内部财务账上的银行存款金额滞后于银行对账单金额。

图3-11　银行对账单

而小梅在我练习的时候对我一番指点，让我的学习顺利了不少。她给我讲了银行对账单各栏代表的意义是什么。

这张单据，其实可以和银行回单（图3-12）结合起来看。

中国银行网上银行电子回单

交易流水号	u2y3tw21ew9w8488rt1p021		币种	人民币	转账时间	2014 年 9 月 10 日 10 点 20 分 20 秒									
付款人	全称	北京精典公司			收款人	全称	上海新华商贸公司								
	账号	20102019083898				账号	129912020389131								
	付款人银行	中国银行江北支行				收款人银行	工商银行思达支行								
金额	人民币（大写）	伍拾陆万捌仟元整					亿	千	百	十	万	千	百	十	元	角	分
										¥	5	6	8	0	0	0	0	0
手续费	2.50 元			款项用途			货款								

重要提示：电子回单可重复打印，如您已通过银行柜台取得相应纸质回单，请注意核对，勿重复记账。

（中国银行 电子回单专用章）

图 3-12　银行回单

在通过网上银行账户收款和付款的时候，每做一笔业务，都要打印出一张银行回单，附在付款或收款凭证的后面，作为收付款的依据。

而这个银行回单，就是和银行对账单上的其中一行数据对应的。也就是说，银行对账单上的每一笔数据，都是和实际发生的业务一一对应的。如果出现了问题，在排除了未达账项之后，就会发现一个企业的实际问题了。对于我们出纳而言，银行对账单的意义相当重大！它可以帮助企业防范三类风险！

1. 银行对账单有助于企业防范操作风险

操作风险主要包括：企业会计人员计算记账金额时出现的运算错误，登记账户的错误，以及银行操作人员记账错误等。

2. 银行对账单有助于企业防范管理风险

管理风险是由于企业内部控制制度设计有缺陷或者是缺乏必要的内部控制制度，使得企业的内部工作人员有机会侵占企业的资金。内部人员侵占企业资金可能会通过两种方式：现金或转账。

（1）通过现金方式侵占企业资金。企业财务人员用现金支票取现，若取现之后不记账，虽然企业实际的现金减少了，但是不与银行对账是不会发现的。

(2) 通过转账的方式挪用企业资金。企业转账时，银行存款的减少一般要换来另一项资产（如存货）的增加，或者是一项负债的减少。

通过转账方式侵占企业资金，同样不会记账。无论用哪种方式侵占企业资金，都不会记银行存款日记账。因此，与银行对账是极为重要的。

3. 银行对账单有助于企业防范外部风险

企业外部人员侵占企业资金的案件时有发生。通常的手段是仿造单位的印鉴和银行票据，甚至有"克隆票"的出现，银行并不能100％识别出这些问题票据。

小梅在教我看对账单的时候，就神神秘秘地跟我讲了一个艾迪公司前任出纳的故事。

那个出纳是老板的姑姑，也是财会专业出身，因为是给自己侄子公司做出纳，觉得是自家钱，一进去就被迷了眼，把公司账上的一些小金额进账全转到了自己账上。后来老板发现了，警告了她几次，她却屡教不改，最后才撕破脸被辞退了。

小梅说这件事时，对那个姑姑很是不屑："真是个猪脑子！亏她还是名牌大学的财会学生呢，还不如我一个专科生懂得多。竟然以为自己不把那些钱记到银行存款日记账里就可以了，不知道银行还有对账单会寄过来吗！要我就全部入账，然后和会计串通一下，修改下账目呗！笨死了！"

这段话让我确认了钱宇凡对她的判断，因为她热情教我看对账单而有些愧疚的心情也平复了下来。

我不想猜测这个女孩儿有没有侵吞艾迪公司的公款，但我心里已经告诉了自己，以后一定要对这个女孩儿敬而远之了。真是太没有职业道德了！

不过从她的话语中，我也能感觉到银行对账单对公司有相当重要的价值。而且我也曾听说，通过银行对账单有助于企业编制现金收支计划。

企业财务管理的基本原则之一就是"量入为出",由于应收账款等应收债权,现实的收入未必能为将来的支出提供100%的保证,因此企业要充分关注银行存款。企业有多少银行存款,只有与银行核对之后,才能准确确定,并以此为基础编制现金收支计划,避免签发空头支票(将会被罚款,以及引发该企业信用危机)以及陷入支付危机。

如果企业净现金流量为流出,那么企业就应该调整支出规则,或者是采用一些放大企业资金的方法,比如:加强催收账款力度、采用差额承兑汇票方式支付货款、与进货商进行协商采用部分赊购方式购入原材料、短期借款等。但是运用这些方法一定要慎重,要考虑未来的实际偿还能力。

可以说,学会看对账单,是当出纳必不可或缺的一项技能。

理想与现实就是有那么一点点误差

看懂对账单就要开始挑账了。

所谓挑账,就是对着银行对账单和公司的银行日记账,按照日期和金额逐笔勾画,找出有问题的业务,并分析出具体原因。

这就好比放在银行的存款是"现实",公司银行日记账是"理想",两者之间总会因为这样或那样的原因无法在期末时点达成一致。因而需要以挑账的方式来进行核对,揪出这阻隔在理想与现实之间的山峦。

哎,理想和现实就是有那么一点点误差!作为出纳的我,表示无可奈何。

小梅帮我纠正了几个看银行对账单的误区,等到我进行挑账这一步的时候,她眼珠子转了转,说:"这个就是核对的工作,没什么好讲的,你自己做吧。"说完她就撤了。我没有作声。

确实，挑账是个大工程，一笔笔地核对，看一会儿就眼花缭乱了。而它又是个细致活儿，一不注意看岔了行，又会是好一番清查。我以前每次挑账都会挑上大半天，有时甚至一两天，本以为小梅来了会帮我分担一些，没想到她会表现出与己无关的态度。

我没有跟她发作，算是看在她刚刚到这边的份上。但我从心里越来越看不惯她了。

我取出了银行存款日记账开始挑账。之前我说过，我们公司已经实现了大部分工作的无纸化，所以我们的银行存款日记账就是一个自制的电子档。其实有的公司也有直接从用友或者金蝶等财务软件里导出银行存款日记账来挑账，我们这边没有这么做，但道理是一样的。

赵姐之前也是这样手工挑账，我也延续着。如果你不能确定启用一个新的方法是完全正确无误的话，那就还是先延续着老的传统。即使慢，却不会出错——财务最重要的莫过于不出错。

其实银行存款日记账这本账簿，在一般的会计商店也是有卖的，小梅说她原来在艾迪公司就是用的这种账簿。所以她说对电子档登记日记账不熟悉，一直推诿着不肯接手这个工作，依然由我来做着。

银行存款日记账

2013年		凭证编号	摘要	借方										贷方										借或贷	余 额									
月	日			千	百	十	万	千	百	十	元	角	分	千	百	十	万	千	百	十	元	角	分	✓	千	百	十	万	千	百	十	元	角	分

图 3-13　银行存款日记账

其实对比一下就能看出来了，电子档和账簿根本没有什么实际的差异，但她非要以这个借口来不做事，我也不好意思说她，只好自己忍了。

这套银行日记账，对一般的企业而言，就是日常工作所登记的银行日记账集合。银行存款日记账必须采用订本式账簿，其账页格式一般采用"收入"（借方）、"支出"（贷方）和"余额"三栏式。

什么是订本式账簿呢？其实这个不难理解。订本式账簿简称订本账，是在启用前进行顺序编号并固定装订成册的账簿。这种账簿的账页固定，既可防止散失，又可防止抽换账页，较为安全。使用起来灵活、方便。会计制度规定，只应该或只需要一个人登记的账簿，现金日记账、银行存款日记账以及总分类账必须使用订本式账簿。

银行存款收入数额应根据有关的现金付款凭证登记。每日业务终了时，应计算、登记当日的银行存款收入合计数、银行存款支出合计数，以及账面结余额，以便检查监督各项收入和支出款项，避免坐支现金的出现，并便于定期同银行送来的对账单核对。

银行存款日记账也可以采用多栏式的格式，即将收入栏和支出栏分别按照对方科目设置若干专栏。多栏式银行存款日记账按照银行存款收、付的每一对应科目设置专栏进行序时、分类登记，月末，根据各对应科目的本月发生额一次记入总账有关账户，因而不仅可以清晰地反映银行存款收、付的来龙去脉，而且可以简化总分类账的登记工作。

这些都属于对纸质版的账簿的规定了。在实际操作中，因为现在无纸化办公越来越成为一种趋势，我们对银行存款日记账的登记越来越趋向于先在电脑上登记电子档，而后打印出来装订成册，封存备查。这并不违反对银行存款日记账的规定，却极大地方便了我们的日常工作，是个极好的办法。

拿着笔，银行存款日记账放一边，银行对账单放一边，挑账就要正式开始了。

其实这个工作，和自己私人的对账并没有太大的区别。像我之前自己开过个人信用卡，就对此深有体会。每个月的固定时间，银行都会给我寄来信用卡的对账单，然后我就拿着这个对账单开始回想，这一笔是在哪里买的，那一笔有没有发生呢。还有一些进账是怎么回事。

哦，这个是因为网购退货，那一笔是刷卡的时候多刷了……

信用卡账单上的每一笔进出，都要跟实际中发生的事对应上。免得自己的信用卡被别人盗刷了，自己却不知道。

但公司的账单却不一样。公司有银行存款日记账（表3-3），这样记录得既科学周密又合理，只要和银行对账单（表3-4）放在一起，就能轻松地一一对应上。

表3-3　　　　　　　　　精典公司银行日记账

编制单位：财务部　　　　　　　　　　　　编制日期：2014年10月31日

2014年		凭证编号	摘要	借方金额	贷方金额	借或贷	余额
月	日						
10	8	5	付鄂州公司材料款		100 000.00	借	750 000.00
10	9	6	收郴州化工货款	220 000.00		借	970 000.00
10	9	8	收新化公司货款	120 000.00			1 090 000.00
10	9	9	账户手续费		2	借	1 089 998.00
10	9	10	水电费		210	借	1 089 788.00
10	9	11	支付安雅公司货款		90 000.00	借	999 788.00
10	10	12	支付员工工资		200 000.00	借	799 788.00

表3-4　　　　　　　　　　　银行对账单

对账	日期	摘要	票据号	付款方式	借方	贷方	余额
	2014/10/6	提现	3091		2 000.00		850 000.00
	2014/10/8	付款	2010		100 000.00		750 000.00
	2014/10/8	收款				220 000.00	970 000.00
	2014/10/9	收款		电汇		120 000.00	1 090 000.00
	2014/10/9	手续费		委托付款	2.00		1 089 998.00
	2014/10/9	水费		委托付款	210.00		1 089 788.00
	2014/10/9	付款	2011		90 000.00		999 788.00
	2014/10/10	付工资	3092		200 000.00		799 788.00

两者对比可以看出,这两张表的业务是一一对应的。而且按照日期做流水,每一笔都清晰明了。

挑账开始,我拿起笔,凡是日期、金额和摘要都能对应上的,就在两张表上都做上标记。把全部业务都对完之后,再找出每一项没有勾选的业务,分析为什么在另一张表上没有那项业务。

我们公司每月的资金进出都是近百笔,仅仅一个基本户的挑账,我就做了整整一天。下班的时候,我的账还没挑完,小梅背起包,嚷着"闲得好无聊,终于下班了",嘻嘻哈哈跟我告了声别就先走了。

我张了张嘴,最终还是没开口请她帮忙。

事情不算多,她不愿意做就不做吧。我提起笔继续一笔一笔地核对,夜还很长。

未达账项是"罪魁祸首"

晚上加班到九点,我总算把账挑完了。到此,工作并没结束,银行余额表还需要编制。

银行存款余额调节表,是在银行对账单余额与企业账面余额的基础上,各自加上对方已收、本单位未收账项数额,减去对方已付、本单位未付账项数额,以调整双方余额使其一致的一种调节方法。

这张表的编制,是为了核对企业账目与银行账目的差异,也用于检查企业与银行账目的差错。从理论上来说,如果挑账无误的话,银行存款余额调节表上两边调节后的存款余额是一致的,也满足下面的这个公式。

银行存款余额调节表关系公式

企业银行存款账上余额＋银行已收企业未收款－银行已付企业未付款 ＝ 银行对账单余额＋企业已收银行未收款－企业已付银行未付款

这个公式其实不难理解，主要掌握等式左右两边计算的出发点是什么。等式左边以企业账上银行存款为出发点，然后调节银行已收或已付，以弥补我们财务人员做账滞后所形成的差额。

等式右边则是从银行对账单出发，这个数字也是企业在银行存款的实际金额，然后通过调节企业财务人员因提前做账，导致账上银行存款金额与银行实际金额有误，而进行增减调节。

无论怎么调整，最后这个等式必须要满足！

对于银行已收企业未收款、银行已付企业未付款、企业已收银行未收款、企业已付银行未付款这四类情况我们该怎么处理呢？

这些是导致银行存款的金额在企业账务上与银行实际数字上存在差额的"罪魁祸首"！用我们财务名词来说，叫做未达账项！当然也可以理解为，"现实"未达到"理想"的账项！

既然做了出纳，我们就要"一究到底"，眼里揉不得沙子。未达账项如何形成，我们务必要知道个所以然！

未达账项形成的原因是由于企业和银行之间对同一项经济业务由于制作凭证过程中存在时间性差异，造成一方登记而另一方未登记入账。

几乎每个月挑账的时候，都会存在未达账项的问题（图3-14）。有时候是我们企业对某项业务的入账有延迟，有时候是银行，特别是企业开出了支票的时候，咱们这边当时就会做一张凭证入账，但对方何时去银行取款，银行何时支付，却是时间未定，常常就造成了未达账项。

我上个月就遇到了这种情况。工程部的王部要出差，借了两千元的差旅费，因为他走得急，我这边又没有现金，就给他一张两千元的支票，随后便做了账。但谁知道他因为一些原因，并没有及时去取这笔钱，于是就导致了我上个月的银行日记账比银行对账单上多了一笔两千元，而本月的银行日记账则比银行对账单上少了一笔两千元。

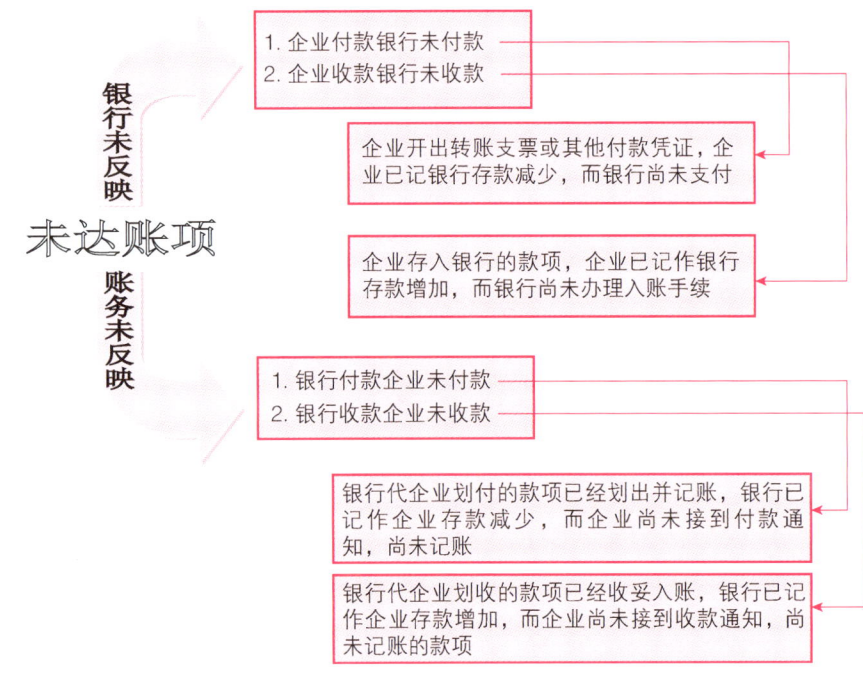

图 3-14 未达账项情况说明

这是一个正常的，时间性的延误，并不是什么工作失误哟！

在大部分情况下，银行对账单都是可靠的。除非出现了特殊情况，比如银行工作人员工作失误或者有人恶意从公司账户转出款项之类的。查出这些特殊情况，也正是我们挑账的意义之一嘛。

而我们就是通过把银行对账单和银行日记账上各自的未达账项往银行余额调节表上登记，发现这些问题的。

回想整个挑账过程，其实也就是勾画"现实"与"理想"之间的距离。可以说银行对账单是对账的依据和目的，也可以说是"理想"。企业自己编制的银行日记账是现实，是进行挑账的基础。两者之间出现的误差自然需要一张表来衔接，也正是这张银行余额调节表啦。

誊写未达账项到余额调节表的过程见图 3-15。

企业对账单记录

企业对账单

日期	凭证号	摘要	借方	贷方	方向	余额	标记
2014-09-30		期初余额			借	100 000.00	
2014-10-1	银付-001	付料款		30 000.00	借	70 000.00	√
2014-10-1	银付-002	付料款		20 000.00	借	50 000.00	√
2014-10-1	银收-001	收销货款	10 000.00		借	60 000.00	√
2014-10-2	银收-002	收销货款	20 000.00		借	80 000.00	√
2014-10-2	银付-003	交税金		80 000.00	借	0.00	√
2014-10-3	银收-003	收销货款	60 000.00		借	60 000.00	
2014-10-3	银付-004	取备用金		20 000.00	借	40 000.00	
2014-10-5		期末余额			借	40 000.00	

未达账项誊写在银行余额调节表中

银行对账单记录

银行对账单

日期	摘要	账单号	借方	贷方	方向	余额	标记
2014-09-30	期初余额				贷	100 000.00	
2014-10-2	转支	0000501	30 000.00		贷	70 000.00	√
2014-10-2	转支	0000602	20 000.00		贷	50 000.00	√
2014-10-2	收入存款	0000103		10 000.00	贷	60 000.00	√
2014-10-3	收入存款	0000544		20 000.00	贷	80 000.00	√
2014-10-3	转支	0000185	80 000.00		贷	0.00	√
2014-10-4	收入存款	0000066		80 000.00	贷	80 000.00	
2014-10-4	付出	0000207	70 000.00		贷	10 000.00	
2014-10-5	期末余额					10 000.00	

未达账项誊写在银行余额调节表中

存款余额调节表

银行存款余额调节表编制如下表：

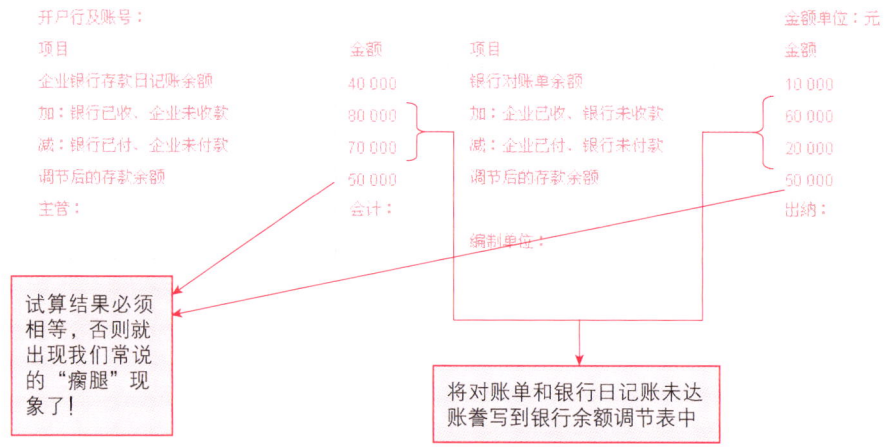

图 3-15 誊写未达账项到余额调节表

按照这个过程，我很快就做好了余额调节表。但到最后一步时，我发现了重大错误，余额调节表两边最后的余额并不一致！

天啊，我该怎么办呢？

"瘸腿"账，那条腿哪去了

这时已经将近十二点了，我已经疲惫得不行了，于是不再坚持。收拾了东西下班，我决定明天再找这个"瘸腿"账的原因。

回到家里时，钱宇凡正在看电视。他见我的样子，皱起了眉头："怎么加班这么晚？你们办公室不是有两个出纳了吗？"

"忙，在挑账呢。"我的情绪有些低落。

明明已经来了一个帮手,我怎么却比以前还要更忙了呢?

但钱宇凡却像是看穿了我,一下就指出了问题:"我看是小梅把全部工作都推给你了吧?两个人,一个人做基本户,一个人做一般户的话,早就应该做完了才是。"

我低下头不看他。

钱宇凡叹了口气:"你是觉得她才刚来,让她给你分担工作不好意思是吧?"

我没说话。

钱宇凡又说:"小美你这样不行的。工作是工作,人情是人情。对于不该你承担的工作,你就要勇于说'不'!否则你就会成为办公室里的便利贴,谁都想用你一下!"

我还是没有吱声。

我主要是觉得这事还没到那种地步。就像会计经理让我帮忙去排回单的时候,我就绝不会答应,因为那完全是把我当冤大头了,超过了我的底线。

但小梅不一样。毕竟是一个办公室的,她说话又那么热情,人家一来我就逼人家干活,好像有点不通情理。

钱宇凡急了,说:"你别以为我恐吓你啊,防微杜渐懂不懂?一个钉子亡了一个国家,你懂不懂?王美丽你可别突然变傻了知不知道?小梅本来就是过去分担你的工作的,她要是不干活,我干嘛给你再争取一个人过去啊?"

我一下愣住了。小梅,是钱宇凡帮我争取过来的吗?

钱宇凡为什么对我这么关心呢?他莫非对我……够了,小美!你不能再胡思乱想!我打断了自己不该有的念头,也没什么心思再跟钱宇凡聊天了,胡乱地应付了他几句,就去睡了。

夜里我做了一堆乱七八糟的梦。一会儿梦到钱宇凡嘲讽地对我说"你真够痴心妄想的,居然还以为我喜欢你!"一会儿又梦到那张瘸腿的余额调节表,张牙舞爪地对我咆哮"小美,你个笨蛋,连这么点小事都找不出原因,还想做会计呢!"吓得我早早地就爬了起来。

转天醒来，我便发誓，今天一定要找出这该死的瘸腿账的原因。其实说起来，瘸腿账产生的原因还是挺简单的。譬如说挑账过程中银行存款日记账划"√"，但是银行对账单上却忘记划"√"。造成余额表左右不平。

其实未达账项主要是集中在月初和月末，只要排除了未达账项的因素，剩下的基本就是记账差错。而在找出记账差错之前，得先确认一下自己挑账的时候有没有发生错误。

为了杜绝这种情况的发生，我采取一种方法：逐日算出没有画勾的业务的那天的银行日记账和对账单上的借贷方总额，两边对比，看是否相等。

如果相等，就说明这一项没画勾的业务是漏画了的，并非是真正的有问题的事项。如果不等，看一下差额是否等于当日没有划勾的业务，相等的话，就说明找出来的事项确实都是有问题的。

这种方法其实有点繁琐。一个月有三十天，借贷有两个方向，总共有两张表格，也就是要求一百二十次的和。听起来就好麻烦啊！

但是我这里有个很好的条件，就是我的银行存款日记账用的是电子档。Excel表格上是有求和的功能的，我筛选了同一天的发生事项，然后就能用自动求和分辨求出借贷方的总和了。

这一下就减少了一半的工作量呀！

其实这里还有个小窍门。虽然银行对账单不是电子档，但是它确是每一行都有余额数的。只要用当日的最后一笔的余额数减去第一笔之前的余额数，看一下是否等于银行存款日记账的借贷方之差，就知道两张表格的这一日数据是否是忘勾了。

哈哈，是不是简单了很多？这可都是我小美自创，超实用且教科书中找不到的方法哦！

这个月的情况非常特殊，我用自创的"小美查账法"查了遍，并没存在漏勾记的情况，可余额调节表依然是不通情理地、固执地不平！

这下事情十分棘手了。这两边产生一百块的差额，究竟是怎么来的呢？

我拿着两张表翻来覆去地折腾，直到中午吃饭，依然专注地思考这个问题。突然间，我的额头被敲了一下，随后传来一阵富有磁性的声音：

"回神了，小美！在想什么呢？"

我抬头一看，原来是钱宇凡啊，于是便苦着脸跟他说了我的问题。

钱宇凡想了想，问我："是哪边的表金额多了？"

"日记账上的。多了一百块，怎么都找不出原因。"

钱宇凡便建议我说："你的未达账项不多吧？先对着把日记账上的每一笔未达账项都找出原始凭证，看看有没有问题。如果没有问题的话，你就再去筛选下日记账上金额等于一百的事项，这种整数的金额有可能就是你自己多记了一笔。顺便你还可以看看你的 Excel 表上的公式是否正确，有的时候你用电子档，会忘了选中当前页面的数据而导致金额算多……这些都有可能的。你先别急，一项项地排查，原因总会出来的。"

> **小美提示**
>
> Excel 设置公式的时候，如果用了筛选，要求和当前一列的总数，一定要拉到最底端看一下下面是不是还有数额

"嗯。"我点了点头。

然后，我就找出了调节表不平的原因了……竟然真的是我用 Excel 时弄错了的！

哎，真是 NO ZUO NO DIE 啊！

Excel 我如此信赖你，你却在关键时刻不给我面子！

聪明的人类制造了无智商的电脑，无智商的电脑真是要把我们聪明的人类也拉下水呀！

我这个马大哈就是这么错了的，真是羞愧啊。

# 祸患无穷的"零"

调平了银行余额调节表之后,一个月的工作差不多也就接近尾声了。其实对清查银行存款而言,不仅是有这种银行日记账与银行总账之间的核对,还有银行日记账和收付款凭证之间的核对。

银行存款清查的账证核对中,"账"指银行存款日记账,"证"指银行存款收、付款凭证,两者从以下三方面进行核对:

(1) 核对凭证的编号;

(2) 检查记账凭证与原始凭证两者是否相符;

(3) 查对账证金额与方向的一致性。

银行存款清查的账账核对是将银行存款日记账与银行总账进行核对。银行存款日记账是根据收付凭证逐项登记的,银行存款总账是根据收付凭证汇总登记的,记账依据是相同的,记录结果应一致,但由于两种账簿是不同人员分别记账的,而且总账一般是汇总登记的,在汇总和登记过程中,都有可能发生差错。

我们对银行存款专门的账证核对做得比较少,因为平日里就会经常进行核对,基本是时时核对,日日核对,所以没有专门找时间核对一遍的必要性。但这也证明了账证核对的重要性。

收付凭证是登记银行存款日记账的依据,账目和凭证应该是完全一致的,但是在记账过程中,由于各种原因,往往会发生重记,漏记,记错方向或记错数字等情况。账证核对主要按照业务发生后顺序一笔一笔进行。

账账核对在出纳工作中十分有必要。银行总账一般由会计通过做账凭证生成,而银行日记账是出纳根据平日工作一笔笔记录。对于我们出纳来说,由于记录次数多难免会发生差错。每周或者两三天我们要经常核对两账的余额,每月终了结账后,总账各科目的借方发生额，贷方发生额以及月末余额都已试算平衡，一定还要将其分别同银行存款日记账中的本月收入合计数，支出合计数和余额相互核对。如果不符，先应查出差错在哪一方，如果借方发生额出现差错，应查找银行存款收款凭证和银行存款收入一方的账目；反之亦然。

而工作就是这样，一个月的结束，又是新月份的开始。

就像我对钱宇凡的感情一样，我以为我掐灭了我对他产生的感情萌芽便算是终结了我们之间的所有可能，却没想到又柳暗花明，在我犯了人生中第一个重大的失误的时候，我发现了我和他之间原来不是不可能的。

那一天是个雨天，从早上就开始下雨。而前一天正好有销售的同事出差，借支的差旅费基本把库存现金清空了。我原本是预定那天去银行取钱补充库存的，谁知早上一到公司，就下起了倾盆大雨。

幸好当天的业务也不多，没有人过来借差旅费。等到下午四点的时候，雨依然是下不停的样子，我便想干脆等明天再补充库存吧，反正一天两天的，也没什么大问题。

没想到等到四点半的时候，营销的副总却突然来了，还拿来了一张报销单。跟我说："小美，快点给我取五千块钱，我有急用。"

我顿时就难住了："现在没有报销的钱啊。"

副总着急了："怎么会没钱？你们出纳都不取钱回来备用的吗？"

这不是没来得及去取嘛。其实这会儿我也挺懊悔的，要是下午出去取了钱就好了。

这时小梅走了过来："小美，下午不是有好几个人过来冲借支还了钱的吗？我算了一下，应该不止五千块吧？"

副总顿时如得了救命的稻草："有五千块吗？那就快点拿给我吧。"

我为难地说："这钱不能给的，给了我就坐支了！"

赵姐在离开之前，特意叮嘱我以后的工作切忌不要出现坐支的情况。坐支是我们财务人员的行话，意思是把收到的钱又付出去，没有做账务处理。这是细节问题，需要引起注意。如果出纳为了图省事，可能会违反相关规定，而且使得账目出现不平的现象。

况且我刚来的时候，赵姐明示，让我铭记出纳要懂得的"七项明确"。

出纳人员的"七"项明确

一、要明确自己所在的单位属于现金管理单位；

二、要明确开户单位使用现金的范围；

三、明确一个单位在几家银行开户，只能在一家银行办理存、取现金；

四、明确转账结算起点；

五、明确现金收支的有关规定；

六、明确单位管理现金的八个"不准"；

七、明确违背了现金管理制度的各种处罚。

对现金管理，容不得一丝马虎。钉是钉铆是铆，坐支这种事儿，有违原则。

这时副总还没说话，小梅却先插嘴了："我们有谁让你坐支了啊？你看现在才四点半，银行五点才关门，你就先把这个钱借用一下，然后立刻去银行取钱把这个钱补上呗。只要你今天下班前把钱补上了，交上去的日记账和实际库存对得上，又怎么能算坐支呢？"

要不怎么说自己人背叛时杀伤力最大呢，小梅毕竟是做出纳的，一下子就给我提出了一个似是而非的解决办法。确实只要库存现金和日记账一致就可以了，但从外面公司到银行坐车也要十多分钟，我怎么能保证半个小时之内一定把钱取出来呢？

但这时副总又在催我："小梅说的对啊，小美你就先把钱给我，你再去取吧。我这边的事儿实在耽误不得！"

小梅也在帮腔："小美你就把钱给副总吧，现在去取钱还来得及的。"

我犹豫了几番，最终还是答应了副总。但谁知道路上因为下雨堵车，我赶到银行时银行早就关门了。第二天时，又正好赶上公司内审人员稽核，于是我坐支的事情被暴露出来了。

> 国务院《现金管理暂行条例实施细则》第20条明确规定：未经批准坐支或者未按开户银行核定坐支额度和使用范围坐支现金的，按坐支金额的百分之十至百分之三十处罚。

我被处以了五百块钱的罚款，拿着罚单的时候，我的心情非常的沮丧。倒不是心疼钱，而是对自己没能坚持原则的痛恨。也是觉得自己作出了这样有失职业水准的事，心里感到丢人。

偏偏小梅还在那边安慰我："小美你就是运气不好。其实有的企业也是可以坐支的，你就是赶上寸劲儿了！"

我追问，哪些企业可以坐支？

小梅这下倒是说得很详细：

(1) 基层供销社、粮店、食品店、委托商店等销售兼营收购的单位，向个人收购支付的款项。

(2) 邮局以汇兑收入款支付个人汇款。

(3) 医院以收入款项退还病人的住院押金、伙食费及支付输血费等。

(4) 饮食店等服务行业的营业找零款项等。

(5) 其他有特殊情况而需要坐支的单位。

以上五种情况，由于客观原因的存在，若需要坐支，经开户银行许可后即可按照相关规定实行。

坐支时，要严格按照开户银行核定的坐支范围和坐支限额坐支现金，不得超过该范围和限额，并在单位的现金账上如实加以反映。为便于开户银行监督开户单位的坐支情况，坐支单位应定期向银行报送坐支金额和使用情况。

我们公司不是允许坐支的企业，公司也早早就有过规定，不许坐支！但小梅显然是明明知道公司不属于上述五种情况，偏给我支这样的歪招，居心何在？

我觉得非常的刺耳，忍不住想：小梅她其实是在幸灾乐祸吧？

心里压着对钱宇凡的感情,工作时又遇到小梅这样的同事,一时间,我心情落到了低谷。而所谓屋漏偏逢连夜雨,莫过于此。做错了这一件事之后,我手里的工作便开始连连出错。

被通报了我坐支的那一天,我做日报表时复制单元格串了格,导致所有账户的金额都串了位,合计数那一格的公式也被数据给冲掉了。而当天我心神恍惚,也没有复核合计数的正确性……好吧,这里是美化,事实上我压根没有意识到过这个合计也需要核对,一般都只核对几个账户的本期余额是否和现在账户上的金额一致就完事了。

但我没有想到,就这一个小小的合计数的问题,竟然会闹到了老总那里。他亲自给我打电话来,跟我说:"小美,我知道现在赵姐离开了,你一个人做可能会有些吃力。但你既然做了出纳,就一定要认真仔细啊!"

我当时都懵了,惭愧得无地自容,觉得脸皮都被扒下来一层了。

因为这件事情我专门去找老总道了歉,并保证以后一定细心,再不会犯同样的错误。结果还没到两天,我又干出了一件傻事——我把开给客户的支票写串了行,多写了一个"零",导致现在客户把我们账上的钱多转走了十倍!

弄清楚事情的来龙去脉时,我手心冰凉,可谓是"话都不会说了,路都不会走了"。

十万的货款,被人划走了一百万,如果这九十万追不回来,后果不堪设想!而就在我束手无策的时候,宇凡厉声地呵斥我,说:"小美,你走什么神!跟我走,赶快去对方公司,赶在他们将支票送银行前追回这笔钱!"

那一天下午,我第一次见识到了钱宇凡工作上的手段。软硬兼施,刚柔兼济,本来对方公司的财务主管装糊涂,想拖延。但宇凡掷地有声地跟对方理论:

"不管什么原因,事情已经发生。我们承认错误在我方,但请您慎重考虑,万不可收下不该得到的意外之财!

第一，如果您一意孤行，将支票送交银行，我们会立刻通知我们开户行，挂失该支票。

第二，暂停与贵公司现在的合作关系，直至该事件解决。

第三，诚信是企业存在的根本，如果信誉都没有，不要指望其他公司与你们再有合作！"

三句话过后，对方财务主管立刻语气和缓，态度转变，最终妥协了。将那张错开的支票掏了出来。

从对方公司的大门走出来时，我终于深深地舒了口气。心想，零的数字代表没有，可错填了一个零，祸患无穷啊！同时我的心中也充满了对钱宇凡的感激。

回来的路上，我还是心有余悸，懊悔不已："假如说对方硬是不同意交出开错的支票，我就不想活啦！"

宇凡拍了拍我的头，幽默地说："傻丫头，可不要胡思乱想。不退就不退呗，咱们也'任性'一把。"说罢，宇凡跟我露出孩子般顽皮的微笑。让我的心也暖暖的。

"宇凡，你为什么要这么帮我呢？"

钱宇凡望了望天，若有所思地说："大概是因为，我喜欢你吧。"

阳光下，他的笑容是那么的帅气，那么的引诱着我沉沦，我差一点就说出了"我也喜欢你"。

只是我的理智一直在告诉我，钱宇凡他是有女朋友的，我不能做不道德的事！

于是，我落荒而逃了。

第四章

奋起！离梦想只差一步

汇票的使用和贴现
汇票的种类
银行本票的使用
现金支票的开具方法
转账支票的使用方法
票据在使用过程中的注意事项
各类票据的区别
票据的背书
外汇账户的使用和管理
国际业务的结算
押汇、结汇、售汇

通过本章，小美掌握了如下技能

 ## 银行其实是个"保媒人"

支票填错的事情，钱宇凡并没有告诉老总。我觉得能为下属顶住事的领导是值得为他卖命。只是我越这样想，内心越发的矛盾。

他强烈的责任心和包容心，都深深地打动了我，同时也像针一样，刺痛了我的心。

上班时间，总是无法自控想到隔壁办公室的钱宇凡，我极力压制自己的思绪不要无限度蔓延，可那种思念的熵无限次放大，让我不得不有这样的想法：必须离开这里！

而就在这时，国际部招聘财务人员的消息在公司的内部 BBS 上贴了出来，我便选择了报考。

很幸运的是，我如愿以偿被录取，工作地点也要搬到位于市中心的办公大楼。只是因为工作的原因，国内业务需要我和小梅有一个交接的过程，因而目前不能全身而退。

这些对我而言倒也无妨。只是因宇凡而心里矛盾重重，不想见到他，却又难以忘记他。

突然想起他曾说过的话：工作能让人忘记烦恼。只有不断忙碌，才能让我无暇顾及这种煎熬。况且，多练习一下出纳业务也没什么不好的。

国际部的事务和国内业务有很大的不同，最明显的一点是以前我还会做到一些现金的业务。而现在，我这边的支付方式则全部变为了银行结算。

对于比较大的公司，业务量也多，财务部则会设置两个出纳，分别是现金出纳和银行出纳。说白了，一个负责现金业务的报销、结算。另一个则负责银行结算业务。之所以这样设置也是与结算方式的种类息息相关。对于一些中小企业，像我们这样的公司，财务部基本就保留一个出纳，银行兼现金业务。这种情况也是符合相关规定的（图4-1）。

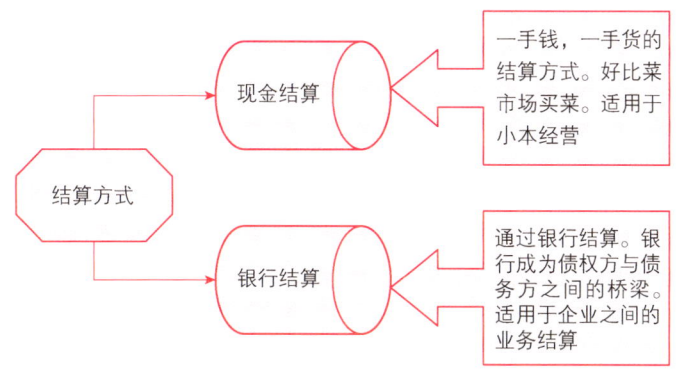

图 4-1　结算方式示例

银行结算是通过银行账户的资金转移所实现收付的行为。也就是说，银行接受客户委托代收代付，从付款单位存款账户划出款项，转入收款单位存款账户，以此完成经济之间债权债务的清算或资金的调拨。

这种结算方式很好理解，国内的业务也是主要用它。事实上，几乎现在所有的大公司都需要银行作为第三方，这是时代的发展需求。而那种"你给我钱，我给你货"的现金结算，其实已几近退出历史舞台。

细细想想，银行是买卖双方结算过程中的红娘，没它还真不成！红娘嘛，还可以叫"保媒人"。这个"保"字就更能体现出她在男女双方间的价值了。因而单从结算这个角度而言，销售方和购货方为了业务的促成，势必需要银行做个"媒人"，让结算可以更有保障（图4-2）。

而银行结算方式再细分的话有九种方式，分别是：银行汇票、商业汇票、银行本票、支票、汇兑、委托收款、托收承付、信用卡、信用证。

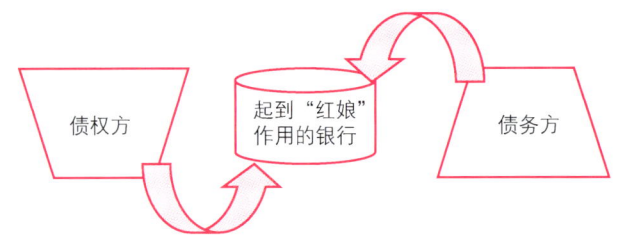

图 4-2 银行作用演示

赵姐曾告诉过我,银行结算的重头戏是票据。掌握了票据的知识,银行结算也就理解得差不多了。

票据有广义和狭义之分,后者对我们财务人员更为重要。狭义的票据概念包括三个,一个是本票,一个是支票,还有就是汇票。汇票在经济业务中被广泛使用。对它的使用频率仅次于支票。

我们公司这三项票据都会涉及。

汇票分类的方式很多。在实物工作中,总是听到银行承兑汇票、商业承兑汇票、远期汇票甚至国际汇票。而常常用到的就是银行承兑汇票。出纳室桌子上还留着一张银行承兑汇票的票样(图4-3),这也是赵姐给我留下的。

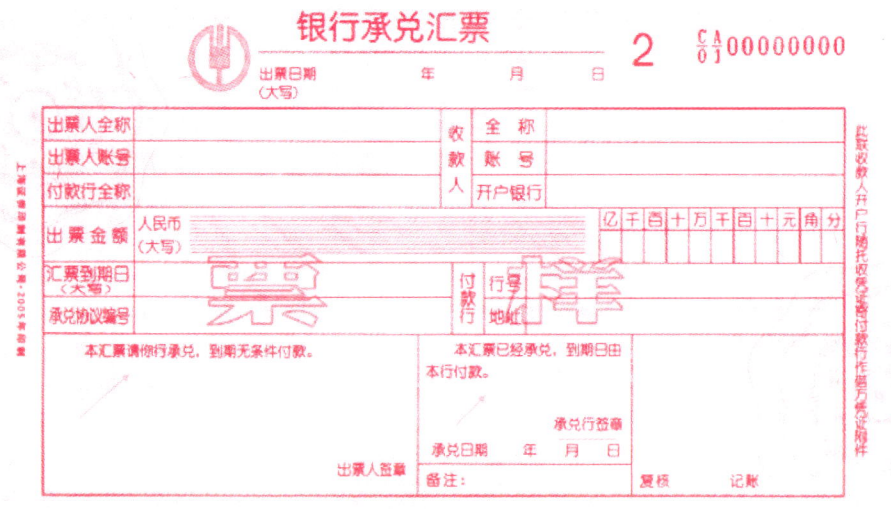

图 4-3 银行承兑汇票票样

那天我坐在出纳室发呆，纠结该以何种方式与钱宇凡告别。老总突然打来电话，让我去他办公室。

老总的办公室很阔绰，他喜欢根雕。屋内靠窗一侧陈列着一尊弥勒佛根雕，惟妙惟肖，栩栩如生。相对于弥勒佛的笑口常开，老总的表情显得十分严肃。

"小美，我们公司目前持有的汇票面值总计有多少？"

我细细盘算了一下，共计五千四百万。

老总听后一脸沉重，说：

"小美，你迅速找一家效率高的银行，与他们接洽一下票据贴现的事情。"

我盘算着，这些汇票中最快的下月到期，最慢的也不过半年。五千四百万的票据很快会成为账上的"银行存款"。但当我说了这些时点之后，老总并没有改变主意，坚定地说：

"迅速办理贴现。"

我问："是全部贴现吗？"

"嗯，全部。"

随后我离开了公司，满是疑惑。

商业承兑汇票贴现就是持票人将未到期的商业承兑汇票转让给银行，银行在按贴现率扣除贴现利息后将余额票款付给持票人的一种授信业务。

通俗地说，贴现就是将目前没有到期的汇票兑换成真金白银。当然多数情况下，企业是要付出一些手续费的。

老总宁愿付出贴现利息也要收回现金，或许公司经营遇到了困难，资金流吃紧？我不敢往下想，并且出于职业道德，我没有向其他同事讲这件事，否则定会动摇军心。

暗自思量的同时，我也意识到，出纳是我的本职工作，责任心促使我，对于领导交办的任务要高效率完成。于是，在我大脑的库存中，我迅速寻觅有关商业承兑汇票贴现的三个要素！（图4-4）

我以前并没有做过这种事，于是带了我觉得可能会用的一大堆

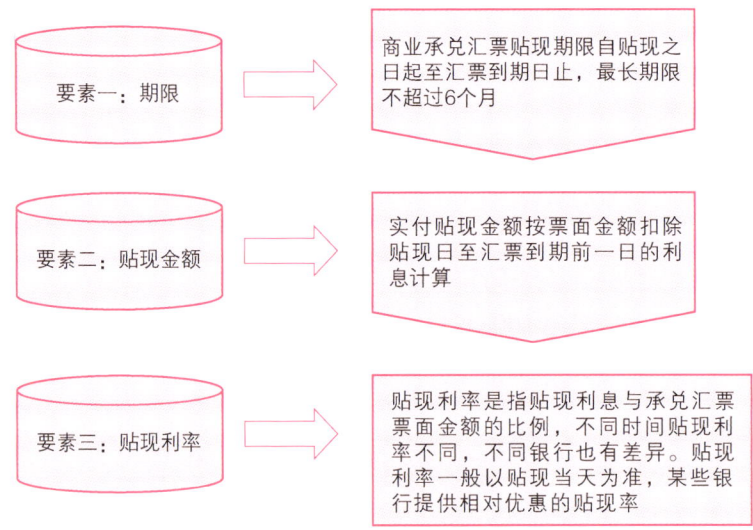

图 4-4 贴现三要素

资料到了银行。而银行的工作人员对这些事情却已是驾轻就熟，指引着做了贴现的程序。

带了这么多资料，但还是有一点疏漏，银行人员介绍，办理贴现业务至少需要这些资料：

(1) 营业执照或事业单位法人证书、组织机构代码证、贷款卡原件；

(2) 背书连续、要式完整且未到期的商业承兑汇票；

(3) 交易双方签订的真实、合法的商品或劳务交易合同原件；

(4) 与出票人（或直接前手）之间的增值税发票原件；

(5) 上年度及近期财务报表，以保证方式提供担保的还需提供保证人上年度及近期财务报表。

其中第（5）条，上年度财务报表是我所遗漏的资料。无奈之下，我迅速折回公司，从报表会计那打印了上年度报表，随后马不停蹄又返回银行。我清楚，老总如此着急贴现一定有他的难处或意图，我需要尽己所能将贴现的事情快速搞定！

再次回到银行，我已是气喘吁吁，大汗淋漓。但我顾不上休息,迅速咨询银行人员完成整个贴现过程。幸好有银行人员指引,贴现的三步骤顺利进行。

Step 1 申请贴现

汇票持有人将未到期的商业汇票交给银行,向银行申请贴现,填制一式五联"贴现凭证",银行按照票面金额扣收自贴现日至汇票到期日期间的利息,将票面金额扣除贴现利息后的净额交给汇票持有人。

一式五联"贴现凭证"的基本格式如图 4-5 所示。

贴 现 凭 证

申请日期		年	月	日			编号	
贴现汇票	种类		号码		持票人	名称		
	出票日					账号		
	到期日					开户银行		
汇票承兑人名称			账号		开户银行			
汇票金额	人民币(大写)					千百十万千百十元角分		
贴现率(月)	%	贴现利息	千百十万千百十元角分		实付贴现金额	千百十万千百十元角分		
			审核					
持票人签章:		负责人:		经办:		记账:		复核:

图 4-5 贴现凭证

第一联(代申请书)交银行作贴现付出传票;

第二联(收入凭证)交银行作贴现申请单位账户收入传票;

第三联(收入凭证)交银行作贴现利息收入传票;

第四联(收账通知)交银行给贴现申请单位的收账通知;

第五联(到期卡)交会计部门按到期日排列保管,到期日作贴现收入凭证。

贴现单位的出纳员应根据汇票的内容逐项填写上述"贴现凭

证"的有关内容,如贴现申请人的名称、账号、开户银行,贴现汇票的种类、发票日、到期日和汇票号码,汇票承兑人的名称、账号和开户银行,汇票金额的大、小写等。

其中,贴现申请人——即汇票持有单位本身;

贴现汇票种类——指是银行承兑汇票还是商业承兑汇票;

汇票承兑人,银行承兑汇票为承兑银行,即付款单位开户银行,商业承兑汇票为付款单位自身;

汇票金额(即贴现金额)——指汇票本身的票面金额。

填完贴现凭证后,在第一联贴现凭证"申请人盖章"处和商业汇票第二联、第三联背后加盖预留银行印鉴,然后一并送交开户银行信贷部门。

开户银行审查无误后,在贴现凭证"审核"栏签注"同意"字样,并加盖有关人员印章后送银行会计部门。

Step 2 办理贴现

银行会计部门对银行信贷部门审查的内容进行复核,并审查汇票盖印及压印金额是否真实有效。审查无误后,按规定计算并在贴现凭证上填写贴现率、贴现利息和实付贴现金额。

其中:

贴现率——是国家规定的月贴现率;

贴现利息——是指汇票持有人向银行申请贴现面额付给银行的贴现利息;

实付贴现金额——是指汇票金额(即贴现金额)减去应付贴现利息后的净额,即汇票持有人办理贴现后实际得到的款项金额。

按照规定,贴现利息应根据贴现金额、贴现天数(自银行向贴现单位支付贴现票款日起至汇票到期日前一天止的天数)和贴现率计算求得。用公式表示即为:

$$贴现利息 = 贴现金额 \times 贴现天数 \times 日贴现率$$

$$日贴现率 = 月贴现率 \div 30$$

贴现单位实得贴现金额则等于贴现金额减去应付贴现利息，用公式表示为：

$$实付贴现金额 = 贴现金额 - 应付贴现利息$$

银行会计部门填写完贴现率、贴现利息和实付贴现金额后，将贴现凭证第四联加盖"转讫"章后交给贴现单位作为收账通知，同时将实付贴现金额转入贴现单位账户。

贴现单位根据开户银行转回的贴现凭证第四联，按实付贴现金额作银行存款收款账务处理。

Step 3 票据到期

汇票到期，由贴现银行通过付款单位开户银行向付款单位办理清算，收回票款。

商业承兑汇票贴现到期，有以下几种情况。

（1）如果付款单位有款足额支付票款，收款单位应于贴现银行收到票款后将应收票据在备查簿中注销。

（2）当付款单位存款不足，无力支付到期商业承兑汇票时，贴现行将商业承兑汇票退还给贴现单位，并开出特种转账传票，并在"转账原因"中注明"未收到××号汇票款，贴现款已从你账户收取"字样，从贴现单位银行账户直接划转已贴现票款。

贴现单位收到银行退回的商业承兑汇票和特种转账传票时，凭特种转账传票编制银行存款付款凭证。同时立即向付款单位追索票款。

（3）如果贴现单位账户存款也不足时，贴现银行将贴现票款转作逾期贷款，退回商业承兑汇票，并开出特种转账传票，在"转账原因"栏注明"贴现已转逾期贷款"字样，贴现单位据此编制转账凭证。

我办好贴现的手续，回公司已经临近下班了。一路上我心中还是忐忑不安。想到那天老总对贴现的坚决和紧迫，对公司的现状我感到些许担忧了……

当回到财务部踏实坐下来的时候，我意识到一整天自己还没顾上喝口水。于是像水缸似的，给自己灌了三杯。

今天我穿着一身藏蓝色制服，会计小黄打趣我说："小美，你现在可是越来越有职业范儿了。想起你当初刚来的时候那个冒冒失失的样子，简直是判若两人啊！"

我淡淡一笑，也觉得恍若隔世："是啊，人总是在成长的。"所以我小美也在长大，越来越成熟，越来越在职场上游刃有余了。

工作中的历练让我走向成熟和职业范儿，但是对宇凡的思念与幻想，是我埋藏于内心，难以治愈的伤痛。忙碌一天，当我再次回到一个人的时候，我又陷入了孤独与挣扎中，如果爱情也可以如工作一样，在历练中可以走向游刃有余该有多好？

宇凡，与你的相遇真的仅能是一闪而过吗？而我只是你生命中的匆匆过客吗？

爱情如汇票一样也如期而至

这一日，我上班没多久，会计小黄就神秘兮兮地给我发了一条微信：小美，你知不知道那个小梅啊，已经被开除了！

我心里一惊："为什么啊？"

"你不知道吗？"小黄发过来一个惊悚的表情，又发了一个耸肩的表情，说，"好吧，其实官方发言是说她不适合那个岗位，好像最近业务也出了什么岔子吧。但是我不是和秘书处的 Ann 是舍友吗，她跟我说，你们钱总在老总办公室为小梅的事跟老总拍过桌子，说她人品不好不能留……"

随后小黄又发了一个神秘兮兮的表情，说："你知道他为什么这么说吗？Ann 说，她听到钱总说小梅陷害你，就是你坐支的那个事，说是小梅怂恿你做，又找人来查你的！"

听完这段话，我心里的感觉顿时变得无比的复杂。坐支被查那件事，我其实怀疑过小梅，但因为我确实有做错的地方，所以并不想深究。但钱宇凡呢，他为什么要这么帮我？

我只觉得心乱如麻。而就在这时，钱宇凡带着一个女孩子走进了我的办公室。和他对视的那一眼，我突然鼻子一酸，差点落下泪来。

钱宇凡开门见山，一本正经地直接跟我谈起了工作：

"这是新来的出纳，以后国内的出纳就是她了。你带带她吧。"

我点头，表示没有意见。钱宇凡并没有多余的话，很快离开了。我望着他的背影，莫名地失落。刚一条腿跨出门，宇凡若有所思又转过身，对我说：

"下班后等我，我来接你，有事说。"说罢便匆匆离开了。

他找我有事？会是什么事？

接下来的时间，我心猿意马，魂不守舍。揣测着各种可能，揭晓宇凡给我留下的这个谜团。那种心境如同是面对一位魔法师，他让我去猜想神秘的魔法盒里到底有什么。无论结局如何，这个过程却给了我无尽的猜测与幻想。

是新来的小梦，把我从幻想中召唤回来，她问了我关于汇票的知识。而我呢，克制自己漫无边际的猜想，回到现实中，认真地给小梦讲了汇票的知识。

其实，商业汇票也只是汇票中的一种。汇票的种类很多，像银行承兑汇票，商业承兑汇票，国际汇票……这些都是经常会用到的汇票类型（图4-6）。

除了这些分类外，还有按流通地域分，分为国内汇票和国际汇票。尤其是我到了国际部之后，国际汇票就是我常会用到的票据之一了。

由于市场经济所必需的信用体系在我国尚未完全建立，商业承兑汇票目前使用范围并不广泛，我们经济生活中大量使用的是银行承兑汇票。

我先给小梦讲了银行承兑汇票。

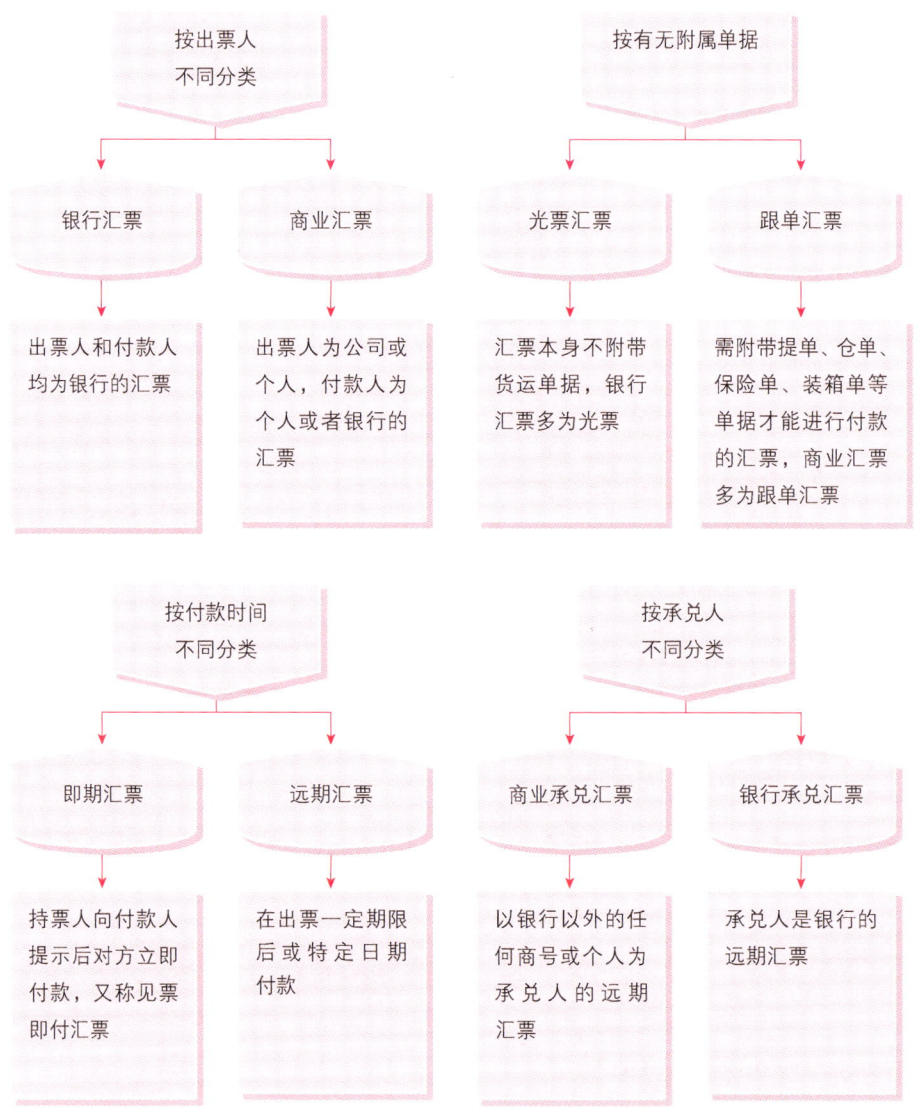

图 4-6 汇票的各种分类

银行承兑汇票是由在承兑银行开立存款账户的存款人出票，向开户银行申请并经银行审查同意承兑的，保证在指定日期无条件支付确定的金额给收款人或持票人的票据。对出票人签发的商业汇票进行承兑是银行基于对出票人资信的认可而给予的信用支持（图4-7）。

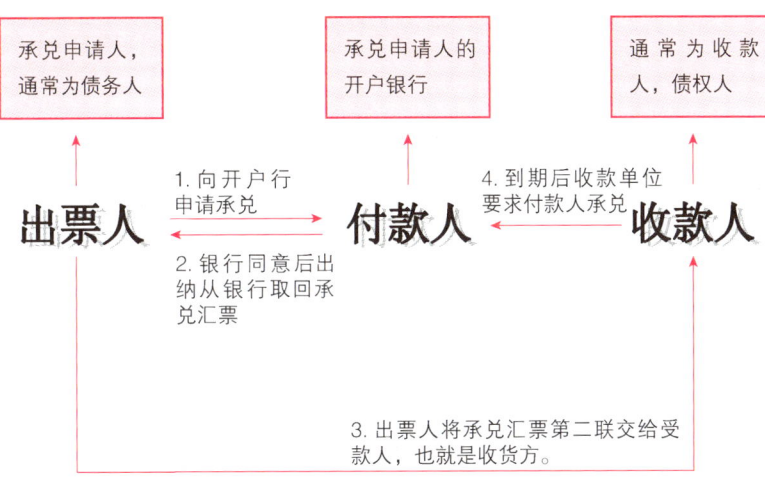

图 4-7 汇票承兑流程演示

银行承兑汇票的出票人具备的条件有六个,分别是:

银行承兑汇票的三联都分给谁?

第一联银行留存,用于记账。

第二联交收款单位,收款单位到期存入银行。

第三联出票人存查作为记账用

(1) 在承兑银行开立存款账户的法人以及其他组织;

(2) 与承兑银行具有真实的委托付款关系;

(3) 能提供具有法律效力的购销合同及其增值税发票;

(4) 有足够的支付能力,良好的结算记录和结算信誉;

(5) 与银行信贷关系良好,无贷款逾期记录;

(6) 能提供相应的担保,或按要求存入一定比例的保证金。

在办理银行承兑汇票的时候,七项内容必须填好,缺一不可!若少一项未填写或不明确,则该银行承兑汇票无效!

我拿出一张银行承兑汇票给小梦讲:"在填制银行承兑汇票时,应当逐项填写银行承兑汇票中签发日期、收款人和承兑申请人(即付款单位)的单位全称、账号、开户银行,汇票金额大、小写,汇票到期日等内容,并在银行承兑汇票的第一联、第二联、第三联的

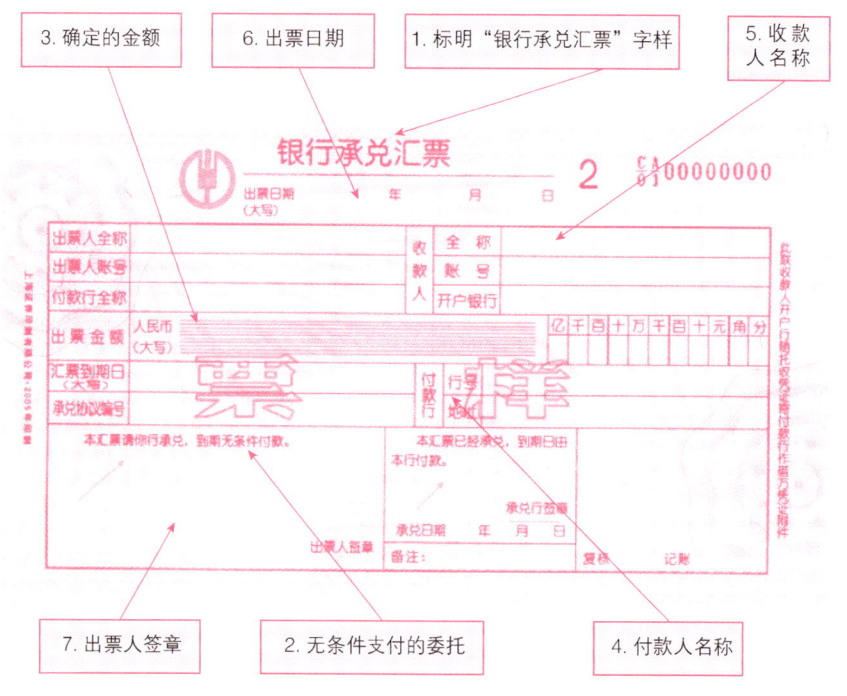

图 4-8　银行承兑汇票的填写

'汇票签发人盖章'处加盖预留银行印鉴及负责人和经办人印章。这些你到时做的时候，对着以前的汇票照着填就可以了。主要是要注意别写错，知道会计里十个数的大写吧？"

我又跟她讲了一开始赵姐跟我说过的，那些关于会计书写的东西，问她："听明白了吗？"

她点头："明白。"

但看着她懵懂的眼神，我知道她并没有懂。这时，我十分深刻地体会到了赵姐当时的心情。不过我也没有再多说什么。

很多知识或许都是先"被懂的"，然后真正经历过后，才真的懂得。希望小梦也是这样。

然后，我又给她补充了一下关于银行承兑汇票手续费的知识。

按照"银行承兑协议"的规定，付款单位办理承兑手续进向承兑银行支付手续费，由开户银行从付款单位存款户中扣收。按照现行规定，银行承兑手续费按银行承兑汇票的票面金额的万分之五计收，每笔手续费不足 10 元的，按 10 元计收。银行承兑汇票手续费通行计收标准是万分之五，但这并不是固定不变的，手续费可以围绕万分之五进行浮动（图 4-9）。

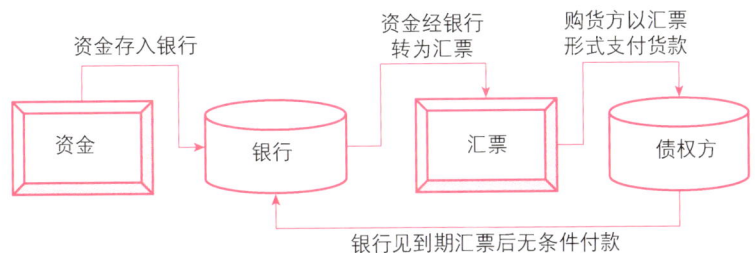

图 4-9　银行承兑汇票演示过程

讲完这个，我没再问她懂不懂，直接跟她继续讲了商业承兑汇票。商业汇票是出票人签发的，委托付款人在指定日期无条件支付确定的金额给收款人或者持票人的票据。商业承兑汇票是由银行以外的付款人承兑。商业承兑汇票按交易双方约定，由销货企业或购货企业签发，但由购货企业承兑。

使用商业汇票必须要有真实的交易关系或债权债务关系。从商业汇票定义上可以看出，商业汇票主要有三个"当事人"——出票人、收款人、付款人。

我们企业有时会涉及商业承兑汇票，但实际上这种汇票适用面很狭窄。在使用商业汇票时，至少要注意以下五点：

(1) 办理商业汇票必须以真实的交易关系和债权债务关系为基础，出票人不得签发无对价的商业汇票用于骗取银行或其他票据当事人的资金；

(2) 商业汇票的出票人，应为在银行开立存款账户的法人以及其他组织，与付款人（即承兑人）具有真实的委托付款关系，并具有支付汇票金额的可靠资金来源；

(3) 商业承兑汇票和银行承兑汇票在出票人签发汇票时，应在汇票上记载具体的到期日；

(4) 商业承兑汇票和银行承兑汇票的持票人均应在汇票到期日前向付款人提示承兑，承兑不得附有条件；

(5) 商业汇票的持票人向银行申请贴现时，必须提供与其直接前手之间的增值税发票和商品发运单据复印件。

商业汇票说起来似乎和银行不搭边，但它的承兑其实也是离不开银行的。因此这种汇票比电汇安全，却没有银行汇票那么安全，所以使用度也是次于银行汇票，高于电汇。

讲完这两种汇票之后，我有些犹豫要不要跟小梦再讲国际汇票。因为她以后做的是国内业务，一般是涉及不到这种汇票的。

但她刚好问到了我："小美姐，除了这两种汇票之外还有别的汇票吗？"

我便跟她把国际汇票也讲了。

反正今天也只是给她科普一下，让她对汇票这种东西有点概念而已，倒不怕讲得太多。

国际汇票又称"国外汇票"。汇票签发和付款行为发生于国外，或者汇票转让行为涉及不同国家的汇票。根据《国际汇票和国际本票公约草案》的规定，国际汇票是一种标有"国际汇票（公约）"的书面票据，载有发票人指示持票人向受款人或其指定人支付一宗特定金额款项的无条件支付命令，并须载明凭票即付或在特定日期付款，以及发票日期和发票人签字。其中发票地、付款地等五项地点中至少须有两处位于不同的国家。

汇票样式：

```
No. _____        Nanjing, China _____
Drawn Under _____
L/C No. _____ dated _____
Exchange for _____ payable with interest @       % per
annum at _____ of this FIRST of exchange (Second of exchange
being unpaid)
pay to the order of _____
The sum of _____
To: _____
                                    _____
                                     Authorized Signature
```

图 4-10　国际汇票

对外贸易上，一般都是用外国汇票作为付款方式。买方如果不付款就拿不到商品。另一方面卖方如果没有寄送商品（无论是用装船或用飞机载运），同样也收不到现金。国际汇票连接运送和付款，使买卖双方皆有保障，是方便又值得信赖的方法，多数公司皆乐于使用。

就这样跟小梦讲完了关于汇票的常识，也到了下班的时间。我预感，下班之后会发生一件可能会改变我一生的事件。这令我忐忑不安。

我刚出公司门口，在路灯下便看到宇凡的身影。我局促不安，走到他身前。今天的他让我陌生，却又让我感到熟悉。昏黄的路灯下，我感受得到宇凡那充满期许的目光。

他轻轻转身拉开车门，对我说："上车。"

我深吸了一口气，坐进了他的车里。在车内，我鼻腔里满满的都是他的气息，让我更加心慌意乱。

我们一路无话，钱宇凡把我带进了一家餐厅，下车时，我对自己讲，就当是散伙饭吧。无论钱宇凡是不是喜欢我，他既然有女朋友了，我都应该主动地跟他保持距离。

令我做梦都没有想到的事情发生了，宇凡从餐桌下面变出了一大捧玫瑰花，随后餐厅服务员推来一个三层蛋糕，蛋糕的顶端是一枚放射着璀璨光芒的戒指。显然这是宇凡导演的浪漫情节。

那一刻我感到自己仿佛进入了童话故事。宇凡把鲜花放入我的怀中，从蛋糕上取过戒指，半跪在我的面前说：

"小美，跟我在一起吧。"

听到这样的话，我捂着嘴差点哭了出来。我说对不起，推开他的戒指。我深知，我是无论如何不能答应，我不能做第三者，夺人所爱的！

可是已然泣不成声的我一个字也说不出来。

而钱宇凡就这样强势地牵起我的手，把戒指戴在我的手上，跟我说：

"我知道你的顾虑。但我保证我没有让你做第三者，我们先吃完这顿饭，再跟你详细说，好吗?"

面对钱宇凡真挚的目光，想到他为我做过的事，他平时的为人……最终，我选择了答应。

而晚上，他也跟我讲述了他和前任女友的事。原来他早在几个月前就已经跟她分手了，原因是他太忙于工作，疏远了和女朋友的距离。他前任女友终于忍受不了"一个人的寂寞"，决定分手。

宇凡之所以一直没有跟我说，他坦言也在纠结。由最初的萌动，到此时此刻的不能自拔，与我的感受是如此的默契。

宇凡对我讲的每句话都让我体会到他的一份真诚。爱的人正好也爱着我，而且我们还能在一起，这世上还有比这更美好的事情吗?

我不无感慨道：汇票到期是一种等待，这如同爱情一般，等待春暖花开，等待爱情再来，只要你坚信。

幸运之神永远眷顾懂得付出的孩子

和钱宇凡在一起，这是我之前做梦都没有想到的。回想毕业到现在，短短两个多月的时间，我的人生发生了意想不到的变化。我第一时间将这个消息用微信告诉了已经成为项目主管的张丽。

我：老大，你是我的大媒人!

张丽：你说什么?

我：我们恋爱了?

张丽：谁?合租的那个帅哥?

我：嗯。

张丽：是不是我更加多余了?

我发了个怪脸。

张丽：回北京，你们必须请我吃大餐!感激我没有给你们当大灯泡！

我：必需的，"灯泡"主管！

……

梦想因坚持而美丽，幸运之神或许永远要眷顾懂得付出的孩子。每每想到这些，我总会傻傻地笑笑。

而新来的同事小梦，似乎看出了什么，打趣我说："小美姐，你这是桃花开了呀！"

我和宇凡在一起的事，始终瞒着周围的同事。也许恋爱中的女人都很傻，心里的甜蜜总会不自然地流露出来。不过我还是和宇凡私下商量，隐瞒我们的办公室恋情。

我清了下嗓子，收藏起甜蜜，故意板着脸岔开话题："桃花开没开我不知道，但你得实际操练下业务了，我却是知道的！"

小梦做个鬼脸，气得哇哇叫："小美姐，不带你这样的！公报私仇啊！"

我拿着一张支票，笑眯眯地说："好吧，那我不公报私仇了，支票也不教你怎么用了。"

小梦顿时变成一脸谄媚："别呀，我最喜欢小美姐公报私仇了，你快跟我讲讲吧。"

又跟小梦玩笑了两句，我开始跟她讲支票的知识了。

支票是出票人签发，委托办理支票存款业务的银行或者其他金融机构在见票时无条件支付确定的金额给收款人或持票人的票据。

以我的理解而言，支票就是一种以银行为付款人的即期汇票，可以看作汇票的特例。

"要这么说的话，这些票据都是共通的了？"小梦问我。

我反问她："你觉得出纳是会计吗？"

小梦点头："当然了，属于广义上的会计嘛。"

我说："对啊。支票之于汇票，就像出纳之于会计。这些票据只不过是特征和名称不一样，但实质都是一样的。就像出纳岗位，它和会计岗位看起来泾渭分明，但实质在广义上来说都是一个

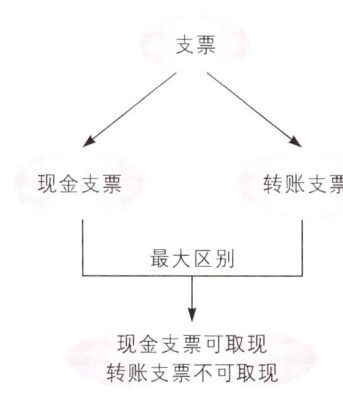

图 4-11 支票的种类

工种。"

小梦点点头,表示理解了。

然后我又问她:"支票有哪几种你知道吗?"

"主要是现金支票和转账支票吧?"

我点了点头,心里感叹着现在的后辈了不得呀,当初我进来时可没有这么扎实的基础呢。

看小梦有这么扎实的功底,我不由得想考她一下:"小梦,你知道支票有哪些特征吗?"

"这个……"小梦的脸上终于露出了为难的表情。

见她有些尴尬,支吾半天没说出什么,我便给她认认真真讲了支票的特点:

讲完了这些基础的东西,我便直接拿着支票教小梦实操了。

无论什么支票,都是需要公司向银行购买的。而支票拿到手之后,就要注意使用的问题了。

支票特点

(1)使用方便,手续简便、灵活;
(2)支票的提示付款期限自出票日起十天;
(3)转账支票可以背书,现金支票不得背书转让。

我跟小梦说:"你知道支票签发的原则吧,说来听听。"

小梦想了想,不确定地说:"好像有说不能签发空头支票吧?空头支票嘛,就是支票持有人请求付款时,出票人在付款人处实有的可供合法支配的存款不足以支付票据金额的支票。说白了就是付款方开出的'吹牛票'!"

小梦的说法很是奇特,她眼珠子滴溜溜转了一圈,跟我做了个鬼脸,继续说:

"本来银行存款没有这么多,非要开超过银行存款的支票,不是吹牛是什么?"

没想到,小梦基本知识很扎实,而且理解得也很到位。不过俗话说吹牛不上税,但是这种"吹牛票"可是触犯法律的!

票据法规定支票出票人所签发的支票金额不得超过其在付款人处实有的存款金额,即不得签发空头支票,这就要求出票人自出票日起至支付完毕止,保证其在付款人处的存款账户中有足以支付支票金额的资金。对签发空头支票骗取财物的,要依法追究刑事责任。如果签发空头支票骗取财物的行为情节轻微,不构成犯罪,票据法规定要依照国家有关规定给予行政处罚。

签发空头支票这种事情,是非常有损公司形象。我以前和小梅相处的时候,有一次我们谈到了支票的问题,她就跟我讲了艾迪公司有关支票的一段历史。

艾迪公司和许多银行都有业务来往,其中最密切的是一家国有银行的支行。据说艾迪公司的老总和他们的行长是很好的哥们,所以最初的时候,艾迪公司每个月都能从银行买来许多支票。有一段时间,艾迪公司资金周转困难,有很多供应商都来公司要账,他们老总就动起了歪脑筋,给供应商开空头支票!

这个老总还是有点脑筋的,他虽然给人开了支票,但是却没有给密码,为的就是不让供应商去银行取钱。但他没有想到,有一家公司的出纳是个新手,他根本不知道艾迪公司的支票是有密码的!结果那个新手出纳就拿着支票去银行了,银行不管他有没有密码,拿到支票就是要查账户余额的。结果一查账,艾迪公司账户上没这么多钱,这是典型的开具空头支票行为!

事情败露后,艾迪公司被银行罚款两万多元,还降低了他们的信用等级,只允许他们一年购入十几张支票。

俗话说,智者不会在同一个问题上犯两次错误。可艾迪公司的老总并没有因此事而汲取教训。同时也出于商业利益考量,各种"无奈"之下,老总指使财务人员又开具了一张巨额空头支票。

那一年临近尾声东窗事发,银行明令禁止,不再卖给艾迪公司一张支票！一时之间，艾迪公司沦为了业内的笑柄。

我听说这件事的时候，觉得艾迪公司真是 NO ZUO NO DIE。国家法律、法规规定了不能做的事，你非要做，这不是自己找不自在吗？就算你时不清楚规矩，收到第一张罚单的时候，总该去学一下签发支票的"九不准"了吧！

哎，这样差劲的公司难怪会被我们公司并购了呢。

支票签发"九不准"

（1）不准更改签发日期。

（2）不准更改收款人名。

（3）不准更改大小写金额。按照《票据法》规定，支票的金额、日期、收款人名称如若更改，即成为无效票据。

（4）不准签发空白支票，即签发超过银行存款账户余额的支票。

（5）不准签发远期支票。

（6）不准签发空白支票。签发的空白支票即指事先盖好印章的支票。携带该种支票外出，遗失后将造成不应有的经济损失。

（7）不准签发有缺陷的支票。有缺陷的支票表现形式主要有：印鉴模糊不清；支票有污损；支票账号、户名、付款单位不清或情况不符；更改处未盖预留印鉴；未填用途或所填用途不当。

（8）不准签发用途弄虚作假的支票。签发用途不真实的支票，系套取银行信用行为，银行一经发现，按违反结算制度给予经济处罚。

（9）不准将盖好印鉴的支票存放于他人处让其代为签发，以防形成空头支票或经济诈骗。

我以艾迪公司的例子给小梦讲解了签发支票的"九不准"原则，并严肃地跟她说："咱们公司是绝对不允许出现签发空头支票的事情。你要开支票，首先要确定账户上确实有这么多钱，其次也一定要有领导的同意，绝对不能想当然地做事！"

小梦也严肃地点头表示明白："小美姐你放心，我不会乱做的。"

我笑了笑，拿出抽屉里的"支票领用登记簿"（表4-1），继续给她讲下一步。

表 4-1　　　　　　　　　支票领用登记簿

日期	支票类型	支票号码	收款单位	金额	领用人	核准人

"给人开支票的时候，要在这个表上做登记。你看这个表格，金额、领款日期、领款人、核准人，这些都是必不可少的信息。最后一定要让经办人以及领款人在支票领用登记簿上签字！如果支票出了问题，咱们出纳是要负责任的，所以一定要将信息登记完整。我先带着你填开一张现金支票吧。"

小梦点头，十分认真。面对小梦的专心致志，不知为什么我也有些紧张。经过赵姐的谆谆教导，这些技能和流程我操作起来没有任何问题，但是如果一步步讲出来，就需要对自己说的每句话负责，先经大脑审慎思考，然后带着小梦来做。一旦有错误则会误人子弟，害了小梦。

首先，我让小梦先在支票登记簿进行登记（表4-2）。

表 4-2　　　　　　　　　支票领用登记簿

日期	支票类型	支票号码	收款单位	金额	领用人	核准人
2015.4.9	现金	0006	本公司	2 000.00	孟梦	王美丽

然后我让小梦从保险柜取出尾号是0006的现金支票，按照规

定做取现补库存业务。小梦完成手续，取得财务经理及主管会计签字确认，开具了现金支票（图 4-12）：

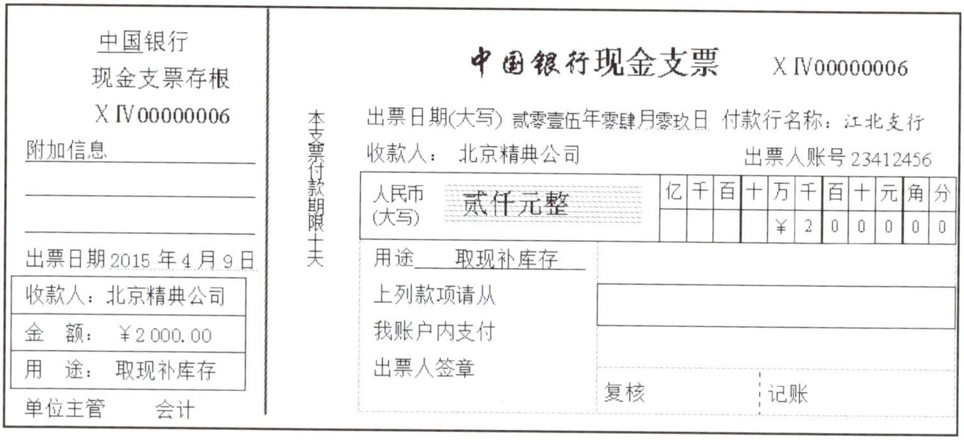
中国银行
现金支票存根
X Ⅳ00000006
附加信息
出票日期 2015 年 4 月 9 日
收款人：北京精典公司
金　额：￥2 000.00
用　途：取现补库存
单位主管　　会计

本支票付款期限十天

中国银行现金支票　X Ⅳ00000006
出票日期(大写) 贰零壹伍年零肆月零玖日　付款行名称：江北支行
收款人：北京精典公司　出票人账号 23412456
人民币(大写)　贰仟元整

亿	千	百	十	万	千	百	十	元	角	分
				￥	2	0	0	0	0	0

用途　取现补库存
上列款项请从
我账户内支付
出票人签章
复核　记账

图 4-12　开具现金支票

我让小梦在现金支票正面和反面盖好法人章，随后带着她去主管那里盖好财务章（图 4-13、图 4-14）。

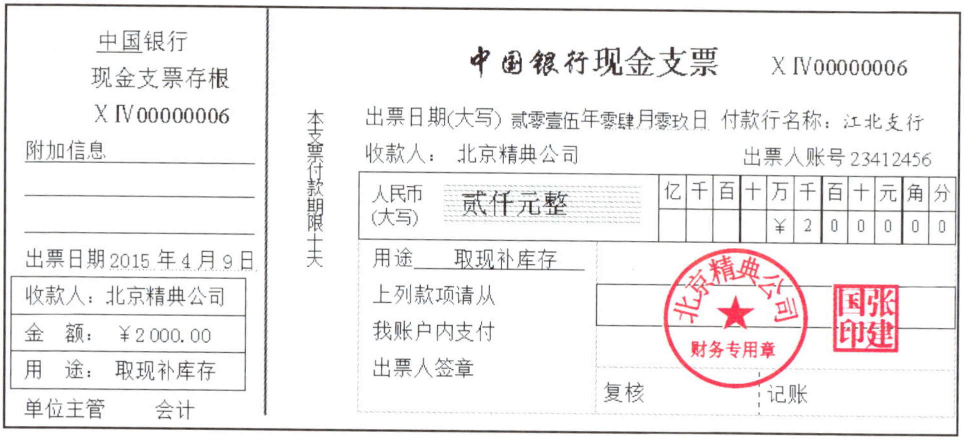
中国银行
现金支票存根
X Ⅳ00000006
附加信息
出票日期 2015 年 4 月 9 日
收款人：北京精典公司
金　额：￥2 000.00
用　途：取现补库存
单位主管　　会计

本支票付款期限十天

中国银行现金支票　X Ⅳ00000006
出票日期(大写) 贰零壹伍年零肆月零玖日　付款行名称：江北支行
收款人：北京精典公司　出票人账号 23412456
人民币(大写)　贰仟元整

亿	千	百	十	万	千	百	十	元	角	分
				￥	2	0	0	0	0	0

用途　取现补库存
上列款项请从
我账户内支付
出票人签章
北京精典公司 财务专用章
张国建印
复核　记账

图 4-13　在现金支票上盖好法人章（正面）

我让小梦填好姓名以及身份证号码，叮嘱她取款一定带好身份证！同时用钢尺按在支票存根的中线，将支票存根撕下，留着入账（图 4-15）。

图4-14 在现金支票上盖好法人章(反面)

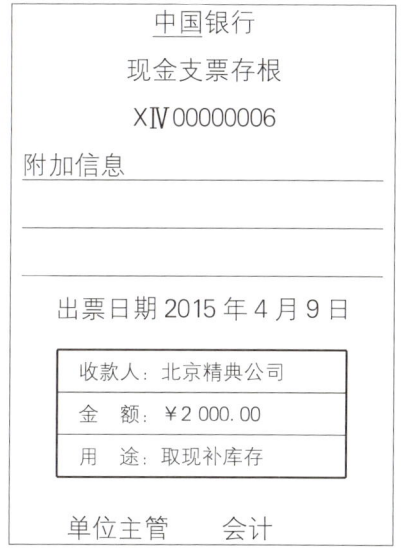

图4-15 现金支票存根

小梦看得很认真,撕掉支票存根的时候,不小心手抖了一下,存根稍稍偏中线靠右。小梦尖叫了一声,说:"不好意思,太紧张了。"

我看了看存根,并无大碍。于是拍了拍小梦的肩膀,让她放松。也回想自己第一次开支票的心情,和小梦是一样的。

我总结似地说:"现金支票是咱们平时用得比较多的一种票据,

填写的时候要当心,使用的时候要注意,千万别违反了法律、法规,更别开错了支票就行了。"

小梦点头:"我会多练习,努力地不犯错误的。"

我玩笑着说:"这可不行。努力不犯错误哪里够呢,一定要一点错误都不犯才可以呢!"

小梦表示明白了之后,我又趁热打铁,给她讲了一下现金支票的特征:

(1) 现金支票无金额起点限制,一分钱也可以支取;

(2) 现金支票不能背书转让;

(3) 现金支票只能支取现金,不得用于转账;

(4) 能够满足开户单位和个人现金开支的需要。

小梦很细心,追问我背书是什么意思。我给她讲背书是转让票据权利的一种行为。转账支票、汇票没有特殊约定的情况下都可以背书。背书说白了就是将手中的票据转给别人,以此代替直接用银行存款转账。持票人在票据背面或者粘贴单上记载有关事项并签章,将票据权利让与他人。

小梦呆呆地望着我,似乎不太理解。于是我在纸上画了背书的示例(图4-16)。

图4-16　背书演示图例

结合这个图,我跟小梦讲:"B相对A是债权人,C相对B是债权人。'背书'的背后其实是转换债权的行为。"

看到小梦的微笑,我清楚她搞懂了背书的意义。随后她在笔记本上迅速地做了总结。我发现小梦真的是个很有心的人,很细节的内容都反映到笔记上。她还归纳了我所说的现金支票使用流程（图 4-17）。

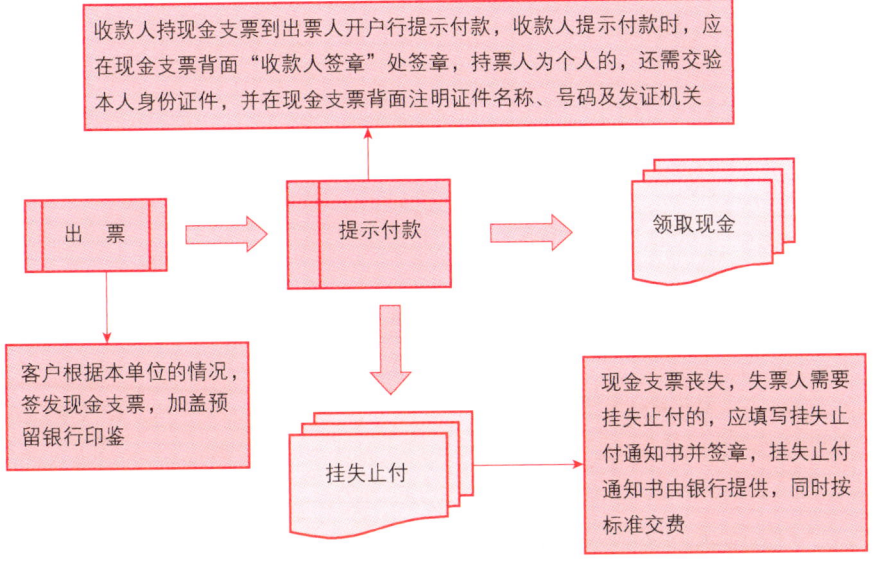

图 4-17 现金支票使用流程

果然有天赋就是不一样呀。这样清晰扼要的图例，我看着都想收进自己的笔记里了。

于是我嫉妒地说："小梦，你一出现，就把我给比下去啦！"

小梦不好意思地笑着："怎么会！我一来就听说了你当初在档案室奋战一个月，梳理公司的财务档案的事，心里特别佩服你。觉得你这样勤奋的精神很值得我学习呢！"

"哎，这有什么好佩服的呀。"我笑着岔开了话头。

被人这样夸，我也不好意思了呢。

其实我嫉妒小梦的天赋，却并没有跟她换一换的意思。我想，我和小梦这样天赋型的姑娘不一样，我并不聪明，也不出色，但我也有我的优点，我努力，勤奋，踏实。我相信只要我这样一步一步按部就班地走下去，绝对不会比任何人差！

这时，公司老总来到出纳室，问了问公司目前银行存款金额。老总听到具体金额后，露出了久违的笑意。他说："终于度过难关了！你办事效率很高，辛苦你了小美。"

遭到老总突然的表扬，我不知所措，傻傻地说："没关系，都是我应该做的。"

我明白，老总说的正是汇票贴现业务。虽然我不知道公司经历了什么危机，但从老总轻松的笑容中，我明白公司涉险过关了。

老总走后，我言归正传，继续给小梦讲了转账支票。

我零零碎碎地给她讲，她一边听一边记。当我看她笔记的时候，又被她的天赋给刺激了一把。

以下是小梦高大上的简洁版笔记。

1. 转账支票的填写（图4-18、图4-19）

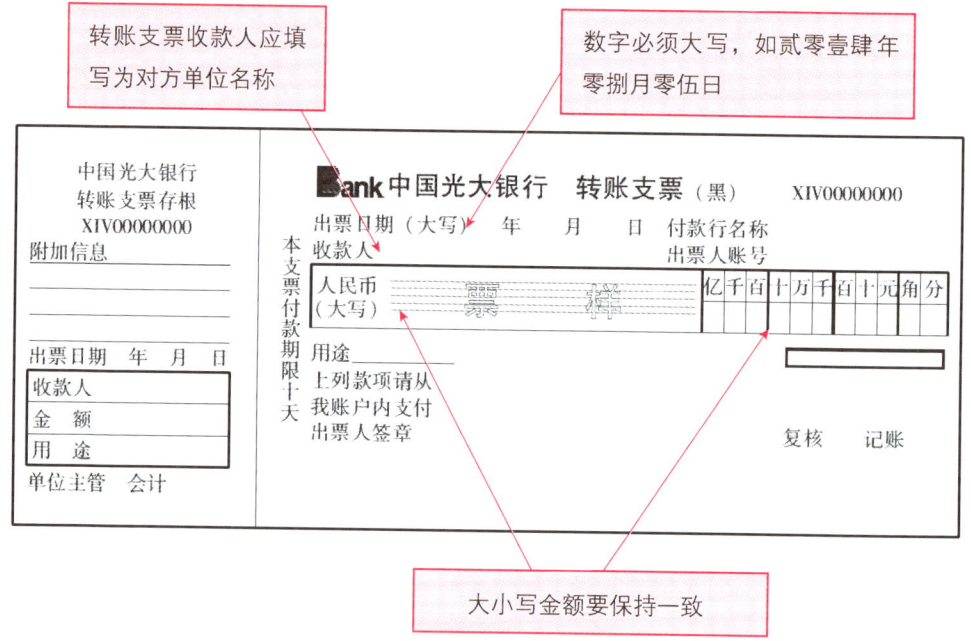

图4-18 转账支票的填写（正面）

2. 转账支票的操作流程（图4-20）

3. 转账支票的特点

无金额起点的限制；

只用于转账，不得支取现金；

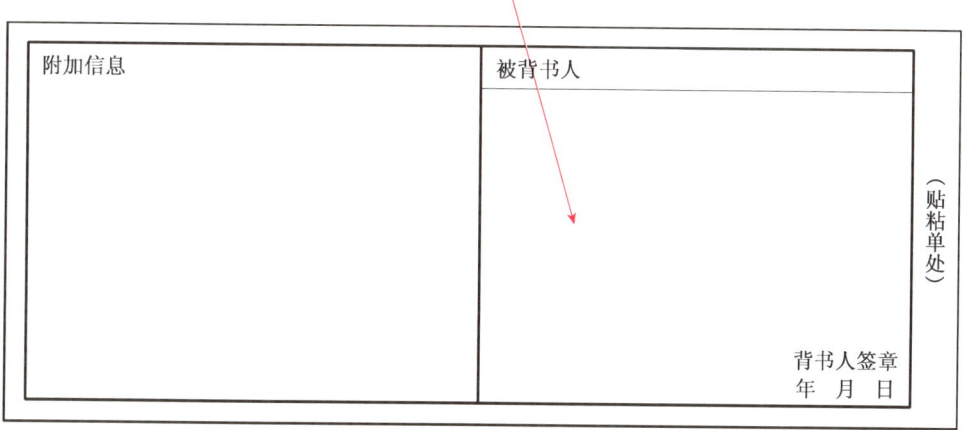

图 4-19 转账支票的填写（反面）

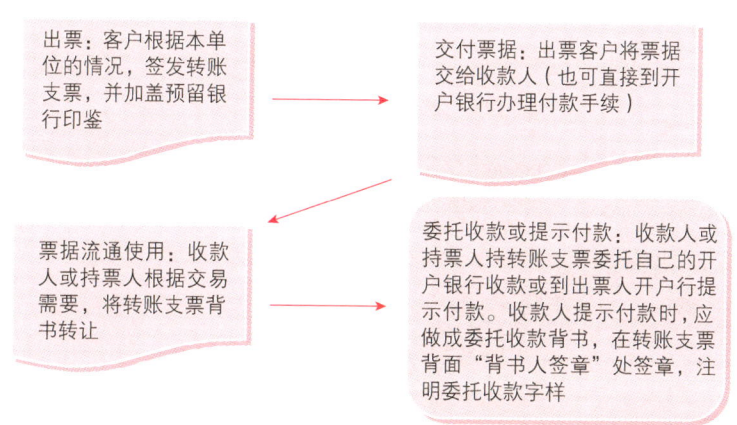

图 4-20 转账支票操作流程

可以背书转让给其他债权人；

转账支票可直接交给收款人，由收款人到其开户银行办理转账；

转账支票收款人名称、金额可由出票人授权补记，未补记的不得背书转让和提示付款。

看完这份高大上的笔记之后，我很想收回刚刚说过的话！感慨人的天资并不平等。如果我要有小梦的灵气和天赋该多好啊。随后我又给小梦补充了一些支票使用过程中的注意事项，想必对她很有帮助。

（1）支票正面不能有涂改痕迹，否则本支票作废。

（2）受票人如果发现支票填写不全，可以补记，但不能涂改。

（3）支票见票即付，不记名。

（4）出票单位现金支票背面有印章盖模糊了，可把模糊印章打叉，重新再盖一次。

（5）收款单位转账支票背面印章盖模糊了（此时票据法规定是不能以重新盖章方法来补救的），收款单位可带转账支票及银行进账单到出票单位的开户银行去办收款手续（不用付手续费），俗称"倒打"，这样就用不着到出票单位重新开支票了。

此外票据出票人在票据正面记载"不得转让"字样的票据是不能转让的。而且支票上任何字迹都不得涂改，一旦涂改，整张票都将作废。

同时我也跟小梦谈起自己第一次收转账支票的事，当时场景历历在目。我特别叮嘱小梦，开票日期后的十天内，支票必须送交银行提示付款，否则银行就不予受理了。

讲的过程中，我注意到小梦目不转睛地注视着我，精神高度集中。而我呢，与小梦分享支票知识的同时，内心也无比喜悦。

看吧，职场干将、业务强手也是从菜鸟一步步成长的哦！

几乎等同于银行存款的本票

给小梦讲完支票之后，我本以为会来两单业务，可以让小梦开张支票练练手。却没想到支票业务没发生，本票却要先开出去了。

本票，是一个人向另一个人签发的，保证即期或定期或在可以确定的将来的时间，对某人或其指定人或持票人支付一定金额的无条件书面承诺。

我带着小梦准备办理银行本票手续的资料，小梦好奇地问我："小美姐，为什么这个供应商不要支票要本票啊，它有什么特殊的地方吗？"

我摇头说："这倒不是。其实理论上来说，咱们给他开支票或者开本票都是一样的。但是你要知道，本票要比支票更有信誉保证，若是我做生意的话，也会更愿意要本票。"

小梦听完若有所悟，说："那这个供应商能找我们老总要到本票，手腕够高明，人也有本事啊。"

我点头："当然。如果这次合作顺利的话，他会是以后我们最大的材料供应商呢。"

我们弄好资料，就向银行出发。路上，小梦问我："小美姐，为什么本票要比支票更有信誉保证啊？"

"因为我们办理完本票后，银行相应的资金就被冻结了，所以不怕遇到空头支票啊。"我回答说。

本票是银行开具的一种票据，是见票即付，它的流动性是最好的。因为在开具本票的时候，你的银行账户里必须有这样一笔钱。开具后，这笔款项就被冻结，你可以到任何银行或公司去支付时使用，等同于现金，信用比支票好。

小梦恍然大悟："原来是这样啊。"

我继续跟她讲："其实银行本票是有不定额和定额两种类别的，咱们今天要去办的就是不定额的，也就是金额根据实际需要填制的那种，这种本票一般面值都在五千元以上。"

银行本票按照其金额是否固定可分为不定额和定额两种。

不定额银行本票是指凭证上金额栏是空白的，签发时根据实际需要填写金额（起点金额为5 000元），并用压数机压印金额的银行本票。

定额银行本票是指凭证上预先印有固定面额的银行本票。定额银行本票面额为1 000元、5 000元、10 000元和50 000元，其提示付款期限自出票日起最长不得超过2个月。

小梦问我：“小美姐，我记得支票有分现金支票和商业支票这种，难道本票没有这种区分吗?”

我说：“有啊，本票也是有商业本票和银行本票之分的。商业本票就是商业机构发行的本票；银行本票则是由银行发行的本票。其实在我们国内，本票只能由银行发行，所以咱们的本票也可以直接称为银行本票。”

小梦点点头，没再多说什么。

我们很快就到了银行，因为之前就和银行的小张打电话联系过，她见到我，就拿出了一张银行汇（本）票申请书（图4-21），说：“你先填表吧，我这边的事情处理完就来给你办。”

中国建设银行 China Construction Bank

银行汇(本)票申请书

币别： 年 月 日 流水号：

业务类型	□银行汇票 □银行本票	付款方式	□转账 □现金
申请人		收款人	
账号		账号	
用途		代理付款行	
金额	(大写)		亿 千 百 十 万 千 百 十 元 角 分
客户签章			

会计主管 授权 复核 录入

第一联 银行记账凭证

图4-21 银行汇（本）票申请书

小梦看到这张申请书有些稀奇，问我：“小美姐，银行本票也分转账和现金的付款方式吗?”

“对。”我点头，说，“不过这和支票里的现金和转账可不是完全一样的。银行本票的收款人或付款人为单位的，是不能签发现金银行本票的哟。”

使用银行本票要注意：

（1）银行本票可以用于转账，填明"现金"字样的银行本票，也可以用于支取现金，现金银行本票的申请人和收款人均为个人；

（2）银行本票可以背书转让，填明"现金"字样的银行本票不能背书转让；

（3）银行本票的提示付款期限自出票日起 2 个月；

（4）在银行开立存款账户的持票人向开户银行提示付款时，应在银行本票背面"持票人向银行提示付款签章"处签章，签章须与预留银行签章相同。未在银行开立存款账户的个人持票人，持注明"现金"字样的银行本票向出票银行支取现金时，应在银行本票背面签章，记载本人身份证件名称、号码及发证机关；

（5）银行本票丧失，失票人可以凭人民法院出具的享有票据权利的证明，向出票银行请求付款或退款。

我又给小梦补充说："其实汇票也是这样的。申请人和收款人若是单位的话，其实都是不允许使用现金的。反正啊，和单位有关的银行票据，大多都是不能使用现金的呢。"

小梦点了点头，又问我："那本票是怎么办理的呢？是跟支票一样，买一些回去直接使用吗？"

这可不是啊！我给她讲了本票的操作流程（图 4-22）。

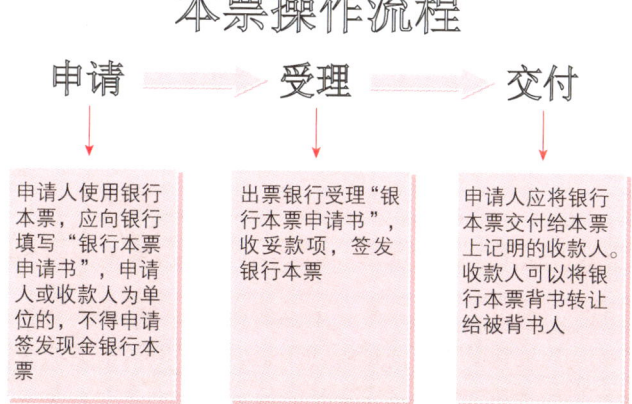

图 4-22　本票操作流程图

我跟小梦解释，"因为本票是要给银行支付相应的款项，银行才会签发的。所以需要使用时就来银行买，咱们公司里可不会有本票的库存！"

小梦不好意思地笑了："原来是这样啊。我还以为是咱们企业的本票用完了呢。"

我笑了笑，跟小梦说："其实用本票也有个好处，它手续费不高，也算给企业节约了成本。"我掰着指头，又讲了一个好处，"本票结算很迅速。"

单位、个体经济户和个人不管其是否在银行开户，他们之间在同城范围内的所有商品交易、劳务供应以及其他款项的结算都可以使用银行本票。收款单位和个人持银行本票可以办理转账结算，也可以支取现金，同样也可以背书转让。银行本票见票即付，结算迅速。

"不过有好就有坏。结算快的同时，本票使用的范围却有局限性，不能在不同的票据交换区域使用。"我说。

通常情况下，银行本票适用于同一票据交换区域需要支付各种款项的单位和个人。

我正跟小梦说着，旁边的一个大姐突然跟我们搭了话："看你跟你徒弟讲得这么好，是做了好几年的老出纳了吧？"

啊？老出纳？

我顿时就不好意思了，我做出纳满打满算还没到一年呢！

于是跟大姐客气："没有啦，我还没那么老资格呢。大姐您也是出纳啊？"我看到了她正在写一张本票联。

大姐点头，把本票单子递给我：

"要不要拿这个跟你徒弟讲讲？"

我笑了笑，没拒绝大姐的好意。

"写金额的时候要大写，日期要填，收款人要写清楚，签章的时候盖的是公司财务章。你看一下这种样式，以后如果你要来办的话，不确定怎么填的都要向银行问清楚。其实申请票据的时候要做的事情都大同小异，你每次来之前都把该带的证件和章带齐了，按着要求填写一般都没什么问题。"我给小梦指完关键点，让她看清楚了这张票据的样式,就把单据还给了大姐。

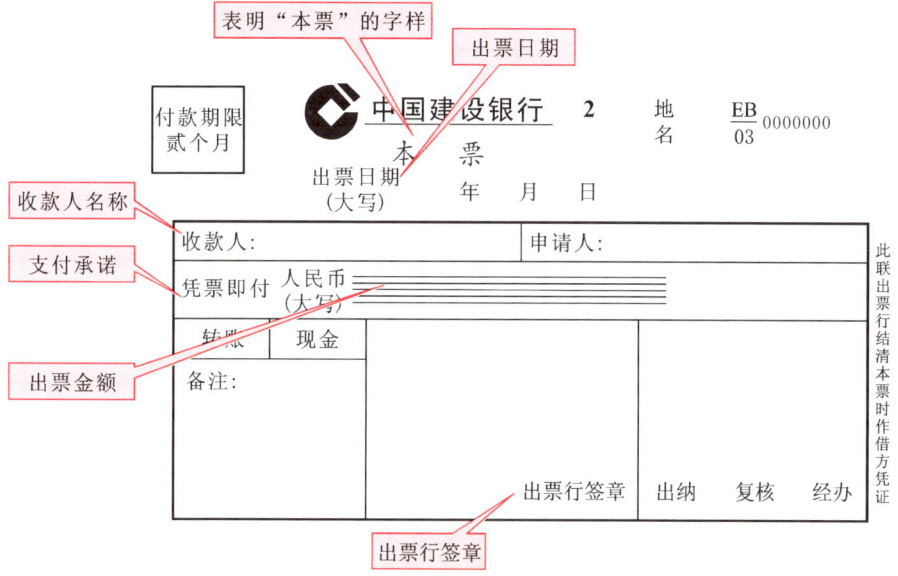

图 4-23 中国建设银行本票

大姐问我:"听你这口气,是在跟你徒弟交接啊?"

我笑了:"不是徒弟啦。都是同事,我去了另一个部门,就指导一下她怎么做原部门的出纳。"

大姐点头:"原来是这样啊。那你干脆把整个流程一起跟她讲一下,免得她半懂不懂的。"

我想了想也是,看小梦也是很期待听到的表情,就干脆地跟她讲了。

"其实票据的流程都是一样的。咱们现在申请了本票,银行审核通过,从咱们公司的账户上划了款,就会把票据给我们。然后我们把票据拿回去,交给对方供应商。供应商就会去找银行办理进账,到时候银行就会把钱打给他了。"

"就这样啊?"小梦听完有点失望。

我好笑:"你打算要怎样?"

小梦嘟起嘴:"我一直以为很难的。以前不是总是听说,办理个什么票据都要去送礼啊,请客啊,或者被人刁难,一等就是好几个月,那不就是说办理票据很难嘛。"

这回我和大姐都笑了,大姐指着小梦,笑得露出了牙齿:"这小姑娘,还挺有想象力的。按你那说法,银行岂不把客户都推走了!咱们出纳可没那么多难事儿,完全是简单易操作,但是都是繁杂琐碎考验耐心的活儿呢!"

我点了点头,可不是嘛。出纳这份工作,只要你有耐心,够仔细,谁人不能胜任呢?

其实说起来,什么工作又不是如此呢?只要仔细加耐心,愿意沉下心去学习,有什么工作不能攻克的呢?

 企业间业务结算的三驾马车

我一直知道小梦很有天赋,却没想到小梦会那么有天赋。那天我们办完了本票回去,下午小梦给我看一张表,看完时我都惊呆了。

表 4-3　　　　　　　　三种票据的区分

区别	本票(银行本票)	支票	汇票
定义	银行机构签发的,承诺自己在见票时无条件支付确定的金额给收款人或者持票人的票据	出票人签发的、委托办理支票存款业务的银行在见票时无条件支付确定的金额给收款人或者持票人的票据	出票人签发,委托付款人在见票时或者在指定日期无条件支付一定金额给收款人或者持票人的
性质	自付票据	委付票据	委付票据
基本当事人	出票人(也是付款人)、收款人	出票人、付款人、收款人	出票人、付款人、收款人
付款人	约定本人付款	受托人只限于银行或其他法定金融机构	委托他人付款
主债务人	本票在任何情况下,都由出票人担当主债务人的责任	银行	承兑前:出票人,第一背书人,第二背书人 承兑后:承兑人、出票人

(续表)

区别	本票（银行本票）	支票	汇票
种类	定额银行本票、不定额银行本票	现金支票、转账支票	按出票人不同：银行汇票、商业汇票 按承兑人不同：商业承兑汇票、银行承兑汇票 按付款时间不同：即期汇票、远期汇票
出票人	有直接支付责任	有直接支付责任	商业汇票由第三人承兑的，出票人无直接支付责任，只有担保责任
付款期限	付款期为1个月，逾期兑付银行不予受理	支票付款期为5天（背书转让地区的转账支票付款期10天。从签发的次日算起，到期日遇惯例假日顺延）	我国汇票必须承兑，因此，承兑到期，持票人方能兑付。商业承兑汇票到期日付款人账户不足支付时，其开户银行应将商业承兑汇票退给收款人或被背书人，由其自行处理
提示承兑期限	不需要承兑	不需要承兑	(1) 银行汇票为见票即付的票据，不需要承兑； (2) 定日付款、出票后定期付款的，汇票到期日前； (3) 见票后定期付款的，自出票日起1个月内
提示付款期限	自出票日起2个月内提示付款	自出票日起10日之内提示付款	(1) 见票即付汇票，自出票日起1个月内提示付款； (2) 其他汇票自到期日起10日内付款

我问小梦："这都是你自己总结的吗？"

小梦有些不好意思："一些是你讲的，我记的笔记，还有一部分是翻书本补充的。小美姐，我写的是对的吗？"

我一顿狂点头，对啊，必须对啊！小梦你写得这么好，让你小美姐都想复印一份当笔记！

但是见我点头，小梦却更不好意思了。她掰着指头说："小美姐，笔记我是做出来了，但是对这三种票据我还是有些不清楚的地方。你给我讲讲呗。"

"这三种票据好比是三驾马车，在实际业务中使用的频率最为频繁。有什么问题你尽管问吧。"我很爽快地答应了。

"三驾马车！这个提法真形象。"小梦笑了笑，便开始提问了："我特别不明白，到底在什么情况下用支票，什么情况下用汇票，什么情况下用本票。小美姐，选择用哪种票据，是由我们出纳掌握的吗？"

我摇了摇头，突然发现自己突然不那么嫉妒小梦了，她对知识的整理和归纳确实很有天赋，但她大概是把知识记死了吧？连联系实际都不会了呢。她所问的问题答案，不就在她做的表格中吗？

我给她解释道："用哪一种票据，大多都是要看情况的。看对方公司在哪座城市，看对方有什么需求，有时也要根据实际情况来看。"

在同一座城市的时候，三种票都是可以用的。银行本票和银行汇票，一般接收方都会更愿意接收，而支票则是发出方更愿意开出的。这是由这种票据的特性决定的。

三种票据如同三驾马车，在企业间业务结算过程中起到至关重要的作用（图4-24）。

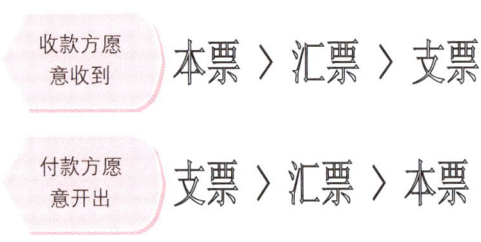

图4-24 支票、汇票、本票

本票和汇票都需要申请人到银行申请，账户上有钱才可以申请得到。而支票却不是，支票是由财务人员买回支票，自行填写。账户上究竟有没有钱，接收方怎么会清楚呢？所以它的信用明显就要低一些。

所以说，同城的情况下，究竟是开支票，还是开本票和汇票，完全取决于发出方和接收方的强势程度。发出方牛气，那当然就开支票啦。接收方强大，那就只好给他们开本票或汇票了。

再深入一些，汇票里面也有比较级别。商业汇票信用度是由私人机构兑现的，当然就不如银行汇票可靠了。如果从可靠性来说，商业汇票远小于银行汇票的！

如果客户是异地，多数情况用汇票。本票和支票通常都是在本地才能使用。所以，究竟使用什么票据，完全要按照开票的需求来做。

坑爹的电汇事件

说到异地使用汇票，我想起了一桩事，于是便问小梦："你知道什么叫电汇吧？"

电汇是汇款人将一定款项交存汇款银行，汇款银行通过电报或电传给目的地的分行或代理行（汇入行），指示汇入行向收款人支付一定金额的一种汇款方式。

小梦点头："知道。"

为了讲述电汇结算的弊端，我跟小梦讲了一桩关于我们新的供应商远帆集团的事情。

这也是远帆集团那边的出纳跟我讲的。远帆集团之前有个合作了许久的客户，前段时间要远帆给他发一批货。因为货款比较大，所以远帆的老板就要求一定要先付款，再发货。那个客户答应了，用电汇汇了钱，还开了单据给远帆那边的业务员看，于是远帆就发了货。但没想到的是，后来远帆的出纳去查账，却发现公司的账上根本没有进来钱！

这才知道，原来那个客户后来又撤销了电汇。

远帆的人员急忙去找这个客户，但是电话不通，别的方式也联系不上，等她们急急忙忙去客户公司那边调查情况时，才知道这个客户已经宣布破产了。

这件事对远帆集团几乎是致命打击！

所以等我们找上远帆集团时，她们的态度才会那么强硬。拒绝别的支付方式，只要本票！

听完我说的这个案例，小梦咋舌：

"原来汇款还有这么多弯弯绕啊！"

我点了点头。可不是如此嘛！

"其实说起来，现在的汇票也没那么安全的。"

现在办理承兑汇票，不必办理多少就向银行提供多少的现金，比如办一张100万元的承兑，可能只需要开保证金户，往里面存10万的保证金，一旦发生问题，你的10万元就没了，相当于押金。但是办理出的承兑汇票却能充当100万元的现金用来支付。

这样一来，汇票的信用度不就也大大降低了嘛。而且，现在也有假的汇票出现了，简直是让财务人员人心惶惶啊！

听完我说的这些，小梦一脸的忧心忡忡："那这么说来，汇票岂不是不能收了吗？"

我笑了："哪能因噎废食呢？再说，财务机构也不是没有应对的办法呢！"

电子汇票，就是对付假汇票的最佳方法，它有四大优点：

(1) 不容易像纸质汇票那样被复制；

(2) 因为是存放在电脑中和网络上，不存在携带风险。持票人可以高枕无忧地持有；

(3) 电子商业汇票最长付款期限为一年，而纸质汇票的最长期限6个月；

(4) 电子票据最大金额为10亿元，而纸质票据一般大额金额是1 000万元。

听完这些，小梦依然很忧虑："小美姐，我还是觉得不保险。你说咱们建议公司以后都用本票怎么样？这样才能万无一失啊。"

我无奈地戳了她的额头一下："别乱担忧了好吗！如果是不靠谱的公司，当然是要对方给本票更安全的。但咱们面对的客户大多都是政府或者学校,他们的信誉和银行又能差多少呢!"

所以啊,做一个好出纳还不够,还得进一个好的企业呢!

跟小梦讲完三大票据的不同点之后,我突然向她提问:"你知道这三种票据有什么共同点吗?"

小梦点头:"都是同一性质的,也具有相同的票据功能。"

我又问她:"为什么它们是同一性质?"

"因为它们都是设权有价证券,都是格式证券,都是文字证券,都是无因证券,也都是可以流通转让的证券。"小梦回答说,然后逐一解释了这些不好懂的字眼。

本票、支票和汇票具有同一性质:

(1)都是设权有价证券。即票据持票人凭票据上所记载的权利内容,来证明其票据权利以取得财产。

(2)都是格式证券。票据的格式(其形式和记载事项)都是由法律(即票据法)严格规定,不遵守格式对票据的效力有一定的影响。

(3)都是文字证券。票据权利的内容以及票据有关的一切事项都以票据上记载的文字为准,不受票据上文字以外事项的影响。

(4)都是可以流通转让的证券。一般债务契约的债权,如果要进行转让时,必须征得债务人的同意。而作为流通证券的票据,可以经过背书或不作背书仅交付票据的简易程序而自由转让与流通。

(5)都是无因证券。即票据上权利的存在只依票据本身上的文字确定,权利人享有票据权利只以持有票据为必要,至于权利人取得票据的原因,票据权利发生的原因均可不问。这些原因存在与否,有效与否,与票据权利原则上互不影响。由于我国目前的票据还不是完全票据法意义上的票据。只是银行结算的方式,这种无因性不是绝对的。

一点都没有难倒小梦,我并不死心,又问她:"那它们有什么相同的票据功能呢?"

这回,小梦回答得不假思索:"汇兑功能、信用功能和支付功能。"

小梦说得非常正确：

(1) 汇兑功能。凭借票据的这一功能，解决两地之间现金支付在空间上的障碍。

(2) 信用功能。票据的使用可以解决现金支付在时间上的障碍。票据本身不是商品，它是建立在信用基础上的书面支付凭证。

(3) 支付功能。票据的使用可以解决现金支付在手续上的麻烦。票据通过背书可多次转让，在市场上成为一种流通、支付工具，减少现金的使用。而且由于票据交换制度的发展，票据可以通过票据交换中心集中清算，简化结算手续，加速资金周转，提高社会资金使用效益。

竟然一点错都没有！

要知道，我从来没有跟她讲过这些。嗯，就算让我讲我也讲不到她说的那么全。但是小梦竟然就靠着自己的分析归纳，以及看书，自己把笔记全做了出来。

对于这种对理论有着神一般的天赋的人，我只能说……我还是想办法在实操上争取把她甩开距离吧！

国际业务，我们时刻准备着

就这样一边跟小梦普及知识，一边被小梦打击得加速学习了两周，突然有一天，国际部的经理跟我说："小美，你赶紧去银行办个外汇账户吧，国际部这边正式开业了。"

外汇账户是指境内机构、驻华机构、个人按照有关账户管理规定在经批准经营外汇存款业务的银行和非银行金融机构以可自由兑换货币开立的账户。

经理走后，小梦问我："小美姐，外汇账户是和基本户、一般户一样的一种账户吗？"

我思考了一下，说："不是的。外汇账户只是个统称，它还分为外汇结算账户和外汇专用账户呢（图4-25）。"

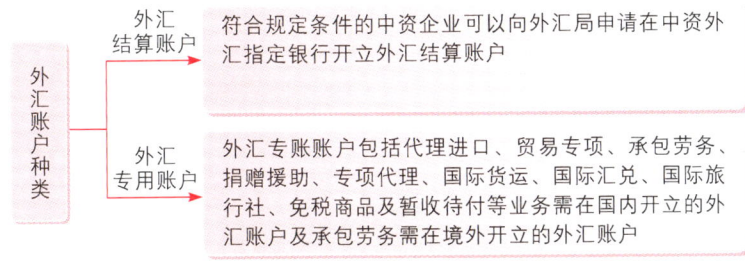

图4-25　外汇账户种类

一边给小梦科普外汇账户的种类，我心里一边庆幸，幸好前两天为了接手国际业务，恶补了不少知识。

其实外汇账户的分类不仅可以按种类分为外汇结算账户和外汇专用账户，还可以按外汇账户的性质或外汇资金来源划分，分为经常项目外汇账户和资本项目外汇账户。

经常项目外汇账户是指国际收支中经常发生的交易项目，经常项目反映本国与外国交往中经常发生的项目，是最具综合性的对外贸易的指数（图4-26）。

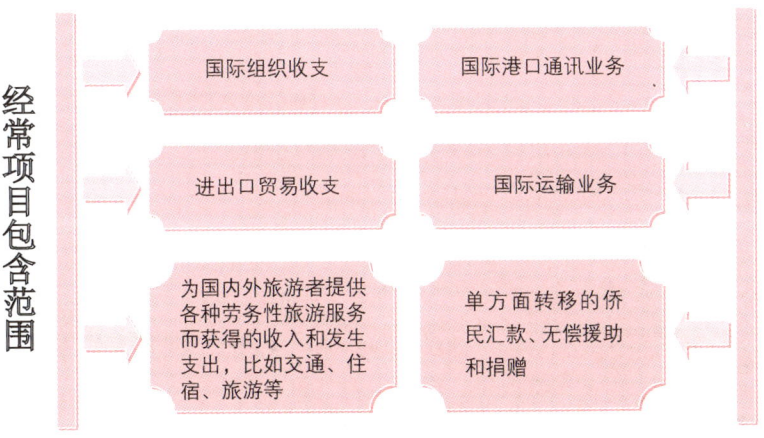

图4-26　经常项目包含范围

资本项目外汇账户又称资本和金融账户，指资本的输出与输入。反映的是本国和外国之间以货币表示的债权债务在国际间的变动，换言之，就是一国为了某种经济目的在国际经济交易中发生的资本跨国界的收支项目。

小梦又问我："那是所有公司都能开外汇账户吗？就像开基本户一样。"

我摇头："这可不是，是有条件的呢。"

经常项目外汇账户和资本项目外汇账户开立条件，也并不是一致的。经常项目外汇账户的开立包括两种：其一是经有权管理部门核准具有涉外经营权或有经常项目外汇收入；其二是具有捐赠、援助、国际邮政汇兑等特殊来源和指定用途的外汇收入。

资本项目外汇账户开立的条件更为复杂，不过公司业务需要的话，再麻烦也要去办。谁让我们出纳职责中最为重要的一项工作就是管理银行资金账户。

国家外汇管理局规定，下列资本项目外汇，可以开立外汇账户保留外汇：

(1) 境内机构借用的外债、外债转贷款和境内中资金融机构的外汇贷款；

(2) 境内机构用于偿付境内外外汇债务本金的外汇；

(3) 境内机构发行股票收入的外汇；

(4) 外商投资企业的中外投资方以外汇投入的资本金。

(5) 境外法人或者自然人为筹建外商投资企业汇入的外汇；

(6) 境内机构资产存量变现取得的外汇；

(7) 境外法人或者自然人在境内买卖B股的外汇；

(8) 经外汇局批准的其他资本项目下的外汇。

随后我跟小梦讲，从开立这两种账户所需准备的材料上看，资本项目外汇账户更加复杂，难度也大（图4-27）。

"居然这么麻烦呀！"小梦问我说，"那咱们符合条件吗？可以去银行开户吗？"

我顿时笑了："我们当然满足条件啦。不过我们不去银行开户，

经常项目外汇账户开立需备材料

1. 开立经常项目外汇账户申请书
2. 营业执照或社团登记证等有效证明的原件和复印件
3. 有权管理部门颁发的涉外业务经营许可证明原件和复印件
4. 组织机构代码证的原件和复印件
5. 外汇局要求的其他材料

资本项目外汇账户开立需备材料

1. 开立资本项目外汇账户申请书
2. 境内机构开立贷款专户和还贷专户，持借款合同正本、外债登记凭证或者《外汇（转）贷款登记证》
3. 境内机构申请开立股票专户，持证券监督管理部门批准的招股说明书等资料
4. 外商投资企业申请开立资本金账户，应持《外商投资企业外汇登记证》
5. 境外法人或者自然人申请开立临时专户，持汇款凭证和签订的投资意向书
6. 境内机构按照规定对资产存量变现取得外汇开立账户，持有权批准机构的批准转让文件、转让协议、资金使用计划等文件

图 4-27　经营项目与资本项目开立所需材料

开立外汇账户可不归银行管，这要在外汇局办理的呢。"

小梦大吃一惊，显然绝大多数人印象中账户开立是需要银行审批。外汇账户开立确实是个特殊事项。其大致流程是这样的：

（1）开户单位若想开立外汇账户，需先在外汇局提出申请，带着外汇局所需要的全部资料到外汇局去办理。外汇局批准开户，则给开出《开立外汇账户批准书》。

（2）然后开户单位拿着《开立外汇账户批准书》，在 30 个工作日之内，到开户银行办理开户手续。

（3）开户银行会填写一份《开立外汇账户批准书》的回执联并退给开户单位，开户单位拿着回执，在开户后 5 个工作日内，到外汇局领取《外汇账户使用证》。外汇账户的开户就完成了。

需要注意的是，凡超出 30 个工作日，开户单位未到开户银行办理开户手续的，外汇局颁发的《开立外汇账户批准书》自动作废。

我说："咱们公司的《开立外汇账户批准书》的回执已经寄回

公司了,咱们只需要拿着回执到外汇局领取《外汇账户使用证》就可以了。"

"这个《外汇账户使用证》是用来做什么的呢?"小梦问。

我答道:"办理账户收付的时候,向银行出示这个证件,表明咱们有使用外汇账户的权限啊。"

小梦听完又冒出了问题:"那外汇账户的使用和基本户、一般户这种银行结算账户一样不?"

这一个问题又一个问题的,实在令人招架不住啊。

我干脆地回答她:"有区别,也有类似的地方!"

我将使用外汇账户的一些规定翔实地和小梦讲了一番,终于消除了她的种种疑问(图4-28)。

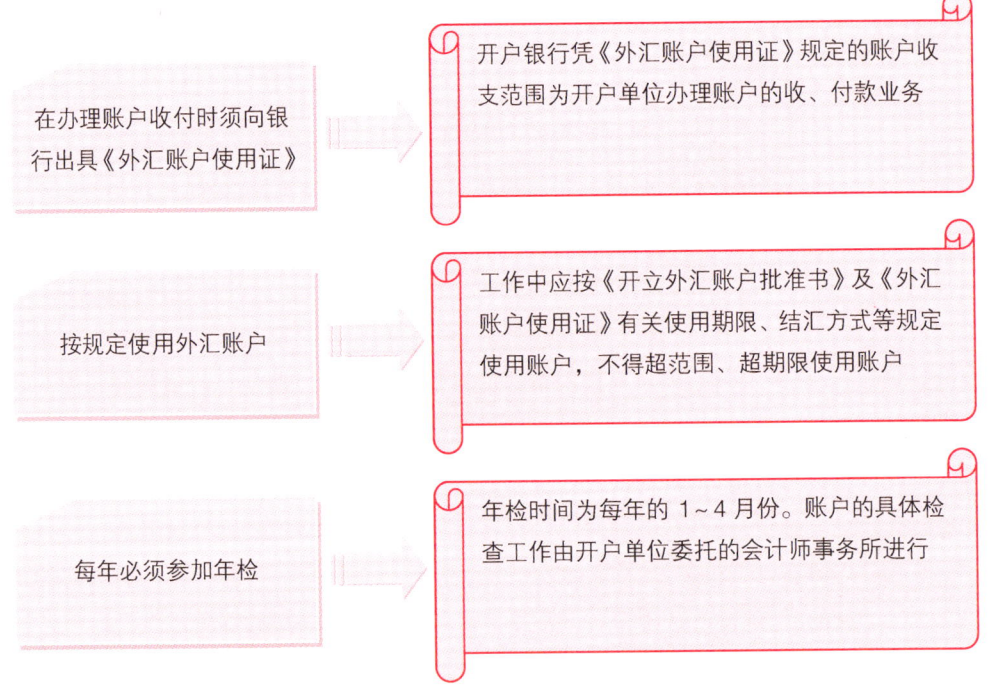

图 4-28 使用外汇账户的一般规定

当我在给小梦讲外汇账户的时候,也许过于投入,没有注意身边有什么情况发生。我猛然间回头,发现宇凡不知道什么时候走了进来,似乎是很投入听着我的"授课"。看到宇凡,我有些不好意思,思路瞬间卡壳。

宇凡冲我笑了笑,而且还点了点头。并且伸出手,示意我继续。可是思路突然间断电,着实让我无法继续。向宇凡耸了耸肩,皱了皱眉。还好我和宇凡确实心有灵犀,他接过我的话题,讲了外汇账户使用过程中需要规避的一些违规行为:

(1) 未经批准开立外汇账户;

(2) 出租、出借、转让外汇账户;

(3) 擅自改变账户使用范围;

(4) 擅自超出核定账户最高额使用账户;

(5) 擅自超出核定期限使用账户。

不愧是财务总监,业务能力绝对一流。他讲得很流利。讲完后,我和宇凡对视一番,彼此流露出幸福的微笑,然后他便转身离开了出纳室。

而小梦呢,急于做笔记,并没有关注我们。

幸福在哪里?我想就是那份心有灵犀的默契吧。

"钱总,你知识储备超级强!"当小梦抬起头准备夸耀一番钱总的时候,钱总早就离开了。

我转移了话题,对小梦说:"小梦啊,我们一起加油吧,我可不希望国际出纳生涯会触礁哦!"

小梦做了 ok 的手势,撅着嘴顽皮地说:"钱总就是我们的海上明灯,触礁是不可能的哦!"

 **本币与外币业务融会贯通**

就这样一边痛苦地看书,一边跟小梦传授知识,我发现我对外汇业务的理解,进展简直是一日千里。但没过几天,钱宇凡便通知

我说:"从明天起小梦就不去你那边了。她已经学得差不多,可以独立操作了。"

我很惊讶:"这样就可以了吗?起码让她跟我一个月,了解一下一个会计期间内的出纳工作流程吧?"

钱宇凡却不答应:

"让你教着她,还要承担起国内和国际两边所有的出纳业务,实在是太累了。我打算让会计室那边的张经理带带小梦,她也是出纳出身,应对日常的国内出纳业务是没有问题的。"

我顿时明白了钱宇凡的想法,嘿嘿地笑着抱住他的腰:

"宇凡,你不会是因为最近我总是没空陪你,吃醋了吧?"

我还以为钱宇凡会不好意思呢,没想到他揉了揉我的头发,很痛快地就承认了:

"我当然吃醋啊!工作虽然重要,但也不能完全忽略我吧?当然这确实是我的工作失误,让你忙得没了私人空间,但正因此我才更要纠正错误嘛!咱们是男女朋友,需要时间培养感情呢。"

这时,我终于对执意到国际部工作有了一丝后悔。当初报考的时候,谁知道会有后面的峰回路转呢?真是造化弄人呀。

因为前段时间疏忽了钱宇凡,我对他有些愧疚。有了时间,便常常和他一起去逛超市,两人一起做饭,然后去散步……这样的生活太过宁谧,让我不由萌生了就这样度过一生的念头。

当一个人有了安家的想法时,就会觉得手里的钱不够用了。开门七件事,柴米油盐酱醋茶,处处都是钱,怎么都不够花。我请教钱宇凡:

"你说,我该怎么多赚点钱啊?"

钱宇凡不知我的想法,大概是以为我有了什么多多赚钱的奇思妙想呢,很痛快地就给了我建议:"其实就你现在做的业务,做通了,就可以发展出一个赚外快的路子啊。"

做业务还能赚外快?我顿时有了兴趣:"你具体说说。"

钱宇凡打开手机网页,输入了"炒外汇"三个字,问我:

"知道炒外汇是什么吗?"

"从字面意思来看,就是炒别的国家的货币?"我问他。

钱宇凡说:"也可以这么说吧。"

炒外汇的学名叫做外汇保证金交易,是指通过与银行签约,开立信托投资账户,存入一笔资金(保证金)作为担保,由银行(或经纪行)设定信用操作额度(即20~400倍的杠杆效应,超过400倍就违法了)。投资者可在额度内自由买卖同等价值的即期外汇,操作所造成之损益,自动从上述投资账户内扣除或存入。让小额投资者可以利用较小的资金,获得较大的交易额度,和全球资本一样享有运用外汇交易作为规避风险之用,并在汇率变动中创造利润。综合来说,炒外汇就是一个投资行为。

钱宇凡点开一个网页,指给我看:"想学习炒外汇,首先你就得了解外汇牌价。"

外 汇 牌 价

币种	交易单位	中间价	现汇买入价	现钞买入价	卖出价
澳门元	100	76.750 0	76.840 0	74.260 0	77.130 0
港币	100	79.290 0	78.960 0	78.330 0	79.260 0
美元	100	615.390 0	612.770 0	607.860 0	61.230 0
欧元	100	780.620 0	775.980 0	752.030 0	781.220 0
日元	100	5.626 9	5.585 7	5.413 3	5.624 9
英镑	100	999.210 0	993.460 0	962.800 0	1 000.440 0

图 4-29 外汇牌价

我顿时恍然大悟:"原来是这样啊。"

因为我们公司现在有了国际业务,很多时候外国的客户都会用本国的货币支付货款,所以我们公司也就有了一些美元、英镑之类的外币。而咱们国家对于外汇一向是强制结汇的,必须要卖给外汇指定银行。

实际上,这么做对公司而言并不是最优的选择,老板可能更倾向于在国外市场上炒一把外汇。只是因为对国外市场还不算熟悉,所以一直没有这么做。不过公司领导却希望我多关注一下外汇牌价。

其实一开始我并不知道老板是要炒外汇，但钱宇凡现在都已经把外汇牌价跟炒外汇联系在了一起，我要再不知道也就太傻了。

钱宇凡见我明白了，笑了笑说："你现在还年轻，先多学习多关注外汇市场，别急着练手，更别耽误了本职工作。"

"知道啦！"有了这么一个外快渠道，我的兴趣全被勾了过去。

其实钱宇凡说得也没错，在我的实际工作中，外汇牌价确实不是最关注的重点。如果沉迷于炒外汇，也确实会对我的工作造成一定影响。我王美丽当然不是这么因私废公的人啦，当然还是得以工作、学习为主。

国际出纳首先要懂得的便是汇率，汇率是指以一国货币兑换成另一国货币的比率或比价，是一个与外汇牌价完全不同的东西（图4-30）。

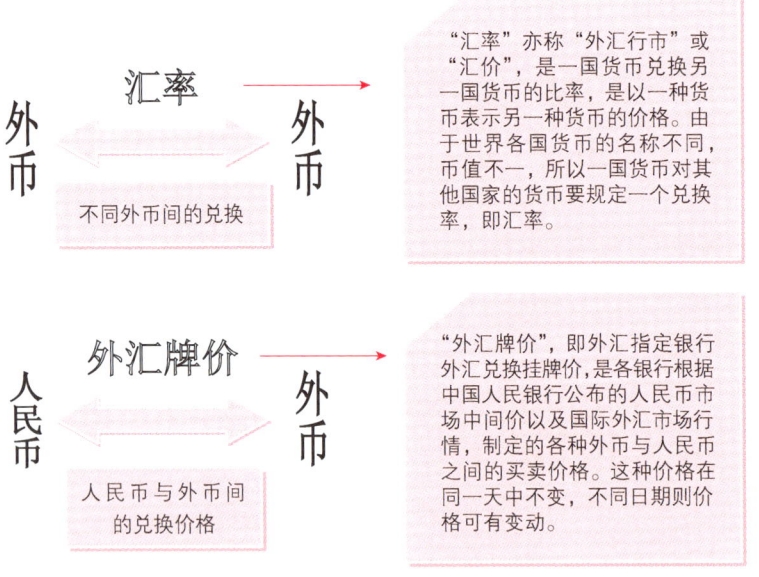

图4-30　汇率与外汇牌价的区别

能影响到汇率的因素很多，汇率也常常变化。主要影响汇率的因素是：相对价格水平、关税和限额、对本国商品相对于外国商品的偏好以及生产率。

　　汇率的表示方法有两种，分别是直接标价法和间接标价法。直接法就是以一个单位的外国货币表示若干本国货币的方法。也就是说，就是将外国货币当作商品，而本国货币作为价值尺度。如1美元等于6元人民币，对于中国来说就是直接标价法。

　　间接标价法则是以一定单位的本国货币为标准，来计算应该收取多少单位的外国货币。也就是说，本国货币被当作商品，用外国货币的数额来表示本国货币的价格，充当了价值尺度。

　　这两种标价方法并无本质差别，只是计算方式不同而已。在国际经济交往中，大多采用直接标价法，我国目前也采用直接标价法。我们工作中使用的，当然也是直接标价法啦。

　　为了尽快弄清楚这些汇率的问题，我晚上的时候也加班加点地看业务书。而钱宇凡却跑过来骚扰我，让我看不进去。

　　我有些恼了，捶了他一拳："别闹！"

　　他顽皮地抓过我的书："这有什么好看的，还是来让我给你提问吧，记得牢！"

　　我想了想也是，便好好坐着让他提问。

　　"咳咳，咱们来复习汇率的种类这一节啊。"钱宇凡清了清喉咙，很像那么回事地说。

　　我顿时就有点紧张了，点了点头，脖子却有点僵。有点像第一次面试时的感觉。

　　这时钱宇凡提出了第一个问题："从银行买卖外汇的角度来看，汇率能分为哪几类？"

　　这个简单，正是我刚刚看的。我毫不犹豫地答道："买入汇率，卖出汇率，中间汇率，现钞汇率（图4-31）。"

　　钱宇凡点点头，表示无误。又问我："从交易交割期限时间长短的角度分类呢？"

　　"当然是即期汇率和远期汇率啦。"

　　即期汇率是说在外汇买卖成交后的即期，也就是当天或在两个营业日内进行交割所使用的汇率。

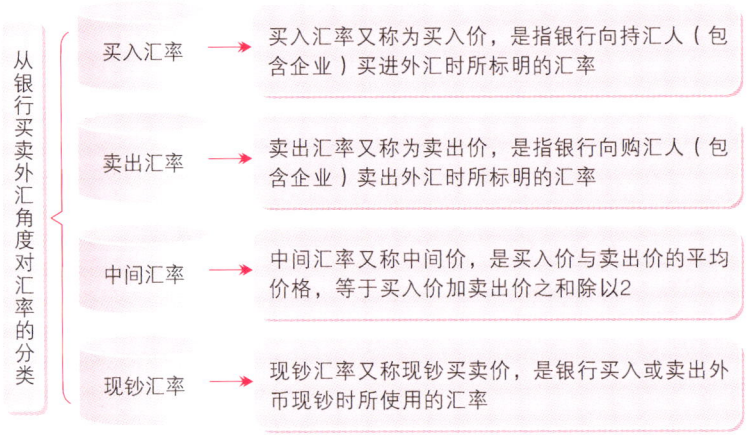

图 4-31 汇率分类

远期汇率则是指在远期外汇买卖中事先由买卖双方达成协议汇率，在未来时期进行交割，交割日双方使用的协议汇率就是远期汇率。

这个又对了！钱宇凡又问我："按照管制情况不同分类呢？"

这个……我不太确定地说："是官方汇率和市场汇率吧？"

官方汇率是由国家的外汇管理机构制定公布的汇率。而市场汇率则是在自由外汇市场上买卖外汇的实际汇率，随外汇供求状况的变化而上下波动。

没想到居然猜对了！钱宇凡点了点头，随后又问我："那按照牌价分类呢？"

"买入价，卖出价和中间价。买入价就是银行买进外汇的价格。卖出价则是银行卖出外汇的价格。中间价呢，顾名思义是买入价与卖出价的平均价格，即等于买入价加卖出价之和除以2。"

这个答案当然也是对的啦。我可是刚刚看过的呢！

钱宇凡见我都答出了，便合上了书："没看出来你看得还挺细的。看到了这种程度，我再问你也没什么意思了，算你过关了！"

我忙不迭地点头，私底下却在偷笑。哈哈，你上当了啦！只有这一节我刚刚看过，所以才能答得这么好。

而被我无所不知的表象迷惑了的钱宇凡却正在对我的优秀表示

崇拜，他抱住了我，一脸深情地说："小美，你真是个好姑娘！"

我搂住他的脖子，吧唧地亲了他一口："我当然是个好姑娘啦！"

虽然，理论知识是有点差……但是你喜欢上了我，这不就是对于我是个好姑娘的最好证明吗？

 电影常有，赚钱机会不常有！

就这样在钱宇凡的帮助（or 捣乱？）中不断学习着新的知识，也不断地在工作中实际演练着，很快，我就又迎来了一大笔的结算业务，而且都是国际结算业务。

两个不同国家的当事人，不论是个人间的、单位间的、企业间的或政府间的，因为商品买卖、服务供应、资金调拨、国际借贷而需要通过银行办理的两国间外汇收付业务，叫作国际结算。

其实国际结算的方式还是挺多种多样的，可以汇付，可以托收，可以使用银行保证函，还能用信用证。当然，也可以结合使用两种以上的结算方式，总之，只要能保证资金安全，就没有什么不可以（图4-32）！

不过无论采用哪种国际贸易结算方式，最基本的前提是对贸易方的资信状况要了解清楚，只有双方有良好的信誉，才能促使贸易顺利完成。

只是这还只是我们第一次和这位国外客户合作，虽然据说他的信用是非常不错的，但毕竟咱们交易双方是在不同的地域、国家，谁也不能保证究竟会不会发生不守信用的事情。所以还是尽量规避风险比较大的方式，积极采用保险或者多重结算方式抵消风险的好。毕竟做生意嘛，保护自身的利益最重要。所以这一次，我们使用的是信用证结算。

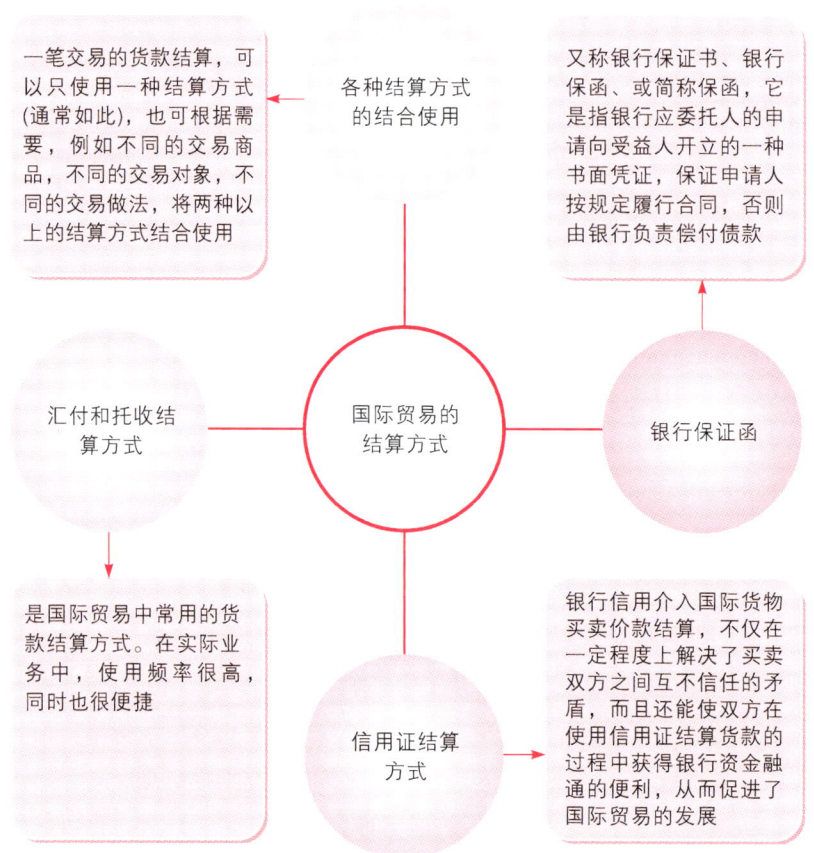

图 4-32 国际贸易结算方式

当然，在使用信用证结算之前，我们也考虑过汇付和托付结算等方式，但最后还是选择了信用证结算，而且没有用汇付和托收结算（图4-33）。

这种选择完全是基于资金安全的考虑。

我们收到了银行的通知书，向银行提供了对方要求的单据之后，这笔收入便在扣除了应付利息之后，被打入了我们的外汇账户。

而这时，外汇结算的问题便被摆到了我们的面前——

外汇结算，即结汇，是指外汇收入所有者将其外汇收入出售给外汇指定银行，外汇指定银行按一定汇率付给等值的本币的行为。

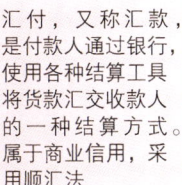

图 4-33　信用证结算与汇付和托收结算

　　结汇的方式很多,有强制结汇、意愿结汇和限额结汇等多种形式。而我国目前主要是意愿结汇。意愿结汇指的是外汇收入可以卖给外汇指定银行,也可以开立外汇账户保留,结汇与否由外汇收入所有者自己决定。

　　在我国,过去是实行强制结汇制的,在 2008 年 8 月 1 日新《外汇管理条例》出台之后,目前,我国实行的是意愿结汇制。

　　其实并不是所有收入都能意愿结汇的,比如海关监管下的境内免税商品收入的外汇,那就必须得结算掉。不过我们这笔货款倒不是那么急着结算,还可以安静地在我们的外汇账户里多待一小会儿。

　　现在银行也可以自动结汇,但是事先没有约定好汇率的情况下就去结汇,实际上是很吃亏的。

　　老总的意思是,现在人民币升值,结汇是一种比较安全稳妥的处理外汇资产的方式。因为在近一两年内,人民币还将处于稳步升值阶段嘛。

　　只是我们的外国客户国籍不同,手里的币种也比较多。如果全部用于结汇的话,成本也挺高的。因为在实际操作中,银行的结售汇率报价是在中间价基础上加减一定点得到的,也就是说银行要收取一定手续费。比如美元、港币现汇结汇价较中间价差0.2%左右,其他货币为0.4%左右。而现钞结汇手续费则更高,美元、港币为1%,其他货币为3.6%。可见,结汇首先将损失一笔手续费。

但完全不结汇也不可以,毕竟国内也是需要资金付给供应商的。

所以现在就是需要结汇掉一部分外汇,再保留一部分。只是究竟要结汇哪种外币,结汇多少钱呢?

这个难题已经困扰了我们财务许久了。而这一天,老板却一脸喜气洋洋地来找我,说:"小美,你去将英镑结汇掉!全部!"

我忙答应了,但心里却有点愕然,我们老板怎么突然就有了决断了呢?

而看到他身后笑得含蓄的钱宇凡时,我顿时明白了。

钱宇凡这几天每天往银行跑,每天忙得吃饭的时间都没有,我还以为他在跑贷款呢。但现在看来,他是跑外汇的事情啊!

果然,晚上下班之后,钱宇凡就跟我解释了。他说:"咱们公司在美国有供应商,所以美元是肯定不能结算的,要用来支付货款嘛。而澳大利亚元,目前的升值趋势较大,而且以澳大利亚元作投资币种的外汇理财产品收益也较好,因此我这几天跑了几趟银行,就是为公司用澳元买了一些理财产品。这样就只能结算英镑了,正好英镑的货款也不算太少,全部结算刚好结算下个月的供应商货款,所以就跟老板做了这个建议。"

这一条又一条的解释,看似简单却处处有学问,我听得晕头转向的,唯一能抓住的就是一个:"理财产品?你的意思是澳大利亚元可以炒一炒?"

哈哈,我研究了这么久的外汇市场,总算是有用武之地了呢!

我兴奋地一跳三尺高。

钱宇凡却从后面一把将我抱住,拦住了我去房间操作电脑购入外汇的行动。他亲了亲我的头发,无奈地说:"小美,你别听风就是雨嘛!咱们现在继续看电影,你明天再买外汇行不行?"

可我哪里还能忍耐得住啊，一把打开他的手，忙不迭地冲进了卧室："电影常有，赚钱机会不常有。我得先去看看情况，好大赚一笔呢！"

 离开财务部非我所愿

国际部一直稳健地发展着，而我作为一个国际部出纳，也在逐渐地成长着。不断地学习，不断地充实自己。

这一天，我们开周会的时候，经理给我们提出了一个："最近我们年结的供应商都要付款了，货款却还没有到收款的时候，资金非常紧张。大家对于融资，或者减轻资金压力有什么建议没有？"

经理一提完，大家都开始踊跃发言。做业务的小李说，可以要求客户预先支付部分货款。会计小张说，供应商那边可以签支票，日期填下个月。

我心里怦怦跳，也有了个念头，想了想还是提了出来："经理，咱们可以对出口货款使用押汇来融资。"

出口押汇是指出口商根据买卖合同的规定向进口商发出货物后，取得各种单据，同时，根据有关条款，向进口商开出汇票。这时，进口商不能立即支付汇票票款，出口商为尽快收回货款，将汇票和单据持往出口地某个银行，请求该银行对汇票进行贴现。如果该银行进行审查后，同意贴现，即收下汇票和单据，然后把汇票票款扣除贴现利息之后，付给出口商。

现在我们公司有融资的需求，押汇不失为一种好的融资方式。

出口押汇对出口商的好处有：

(1) 加快资金周转——在进口商支付货款前，出口商就可以提前得到偿付，加快了资金周转速度；

(2) 简化融资手续——融资手续相对于流动资金贷款等简便

易行；

(3) 改善现金流量——可以增加出口商当期的现金流入量，从而改善财务状况，提供融资能力；

(4) 节约财务费用——在中国银行办理出口押汇，可以根据不同货币的利率水平选择融资币种，从而实现财务费用的最小化。

经理听完我的发言，若有所思，然后问我："你对押汇清楚多少？押汇有没有什么限制条件？"

我解释说："银行对押汇是有限制条件的，通常是十种情况。不过我注意看过，咱们公司的几笔业务都符合押汇的条件。"

银行拒绝押汇申请的情况：

(1) 来证限制其他银行议付的；

(2) 远期信用证超过180天的；

(3) 运输单据为非物权凭证的；

(4) 未能提交全套物权凭证的；

(5) 带有软条款的信用证；

(6) 转让行不承担独立付款责任的转让信用证；

(7) 单证或单单间有实质性不符点；

(8) 索汇路线迂回曲折，影响安全及时收汇的；

(9) 开证行或付款行所在地是局势紧张动荡或发生战争的国家或地区的；

(10) 收汇地区外汇短缺，管制较严，或发生金融危机，收汇无把握的。

经理一边听一边敲着桌子，问我："那银行对押汇的要求呢？"

这个主要有四个要求：

(1) 出口押汇的申请人应为跟单信用证的受益人且资信良好，银行为客户提供出口押汇融资时，与客户签订出口押汇业务总承诺书，并要求客户逐笔提出申请，银行凭其提交的单证相符的单据办理出口押汇。出口押汇按规定利率计收外币利息。

(2) 出口押汇是银行对出口商保留追索权的融资，但银行如作为保兑行、付款行或承兑行时不能行使追索权。

(3) 银行只办理跟单信用证项下银行承兑票据的贴现，申请人办理贴现业务应向银行提交贴现申请书，并承认银行对贴现垫款保留追索权。

(4) 贴现票据的期限不超过 180 天，贴现天数以银行贴现日起算至到期日的实际天数，贴现利率将按规定执行并计收外币贴现息，贴现息将从票款中扣除。

经理又问我："那出口押汇的流程呢？"

我忙找出我记的笔记给经理念（图 4-34）。

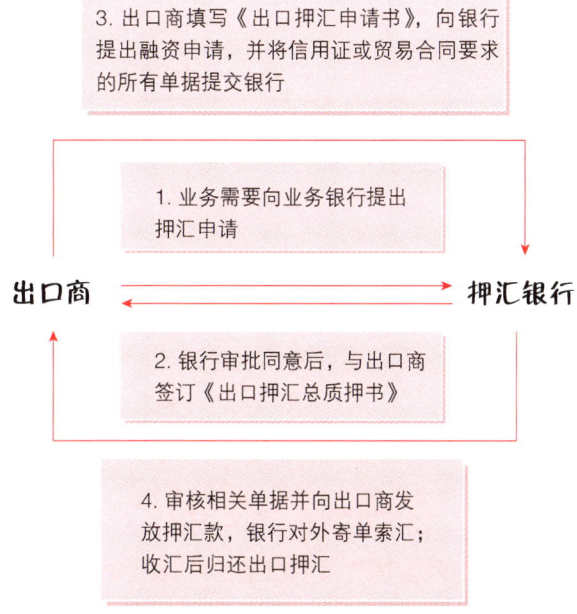

图 4-34　出口押汇流程

经理听完，似乎有点意动。但他却没立刻回复，而是说："这个提议不错。我先跟你们钱总讨论一下可行性，如果可以的话咱们就做吧。"

我听完也不失望。毕竟经理并非财务专业的，对这些东西当然会更谨慎一些。只要他把我的提议放在心上，就可以了。

毕竟，押汇确实是解决财务困境很有用的一个方法。

作为出纳在选择出口押汇的时间上很有讲究，一般是流动资金有限，依靠快速的资金周转开展业务的时候选择出口押汇。此外，如下两种情况也是适宜选择出口押汇。

(1) 发货后、收款前遇到临时资金周转困难；

(2) 发货后、收款前遇到新的投资机会，且预期收益率肯定高于押汇利率。

我相信，如果钱宇凡知道这件事的话，一定会赞同我的想法。

其实押汇不止是有出口押汇，也有进口押汇。不过可惜的是，我们公司最近并没有进口的业务发生。

进出口双方签订买卖合同之后，进口方请求进口地某个银行（一般为自己的往来银行）向出口方开立保证付款文件，大多数为信用证。然后，开证行将此文件寄送给出口商，出口商见证后，将货物发送给进口商。商业银行为进口商开立信用保证文件的这一过程，称为进口押汇。

企业（开证申请人）如使用银行授信额度开立信用证，由于单证相符必须承担对外付款责任时，因资金临时周转困难等原因，确实无法在规定付款日前筹措到付款资金的，可在收到银行到期付款通知书后向银行申请押汇业务。不是任何企业都可以办理进口押汇，必须满足四个条件，才可以进行进口押汇。

满足进口押汇的四个条件

1. 企业应当具备独立法人资格，且经营作风良好，无违规、违法和违约等不良记录；

2. 企业必须在银行开有外汇或人民币基本账户或往来账户，保持经常结算往来，信誉良好；

3. 企业应有齐全的财务管理制度和生产销售网络，进口商品有正常合理的销售渠道和可靠的资金回笼来源，能够按期偿还银行的垫款资金；

4. 企业财务状况良好，具备短期偿债能力，如需要，企业应向银行提供经认可的贷款担保或抵押。

因为进口商通过信用保证文件的开立，可以延长付款期限，不必在出口商发货之前支付货款，即使在出口商发货后，也要等到单据到达自己手中才履行付款义务。这样，进口商减少了资金占用的时间。同时，出口商愿意接受这种延长付款期限，是以开证行保证到期付款为条件的。因此，进口押汇是开证行为进口商提供的一种资金融通。

这时会议还在继续。

一个采购部的同事说："经理，我们之前的美国供应商不是破产了么，最近我们又找了一个新的供应商，他说可以让我们延期付款。您要不要跟他沟通一下，看延期多久能够先拖过这一段时间的资金紧缺？"

我听完顿时心里一喜，如果可以延期付款的话，就可以使用进口押汇了。这也是个减轻资金压力的方式啊！

而此时需要注意把握好两个时机：一个是流动资金不足，无法按时付款赎单，且进口商品处于上升行情，另一个时机是有其他投资机会，且该投资的预期收益率高于押汇利率。

这两种情况下不选择进口押汇对企业而言都是一种损失哦！

对于进口押汇的特点，则主要体现在五个方面：

(1) 专款专用，仅用于履行押汇信用证项下的对外付款；

(2) 进口押汇是短期融资，期限一般不超过90天，90天以内的远期信用证其押汇期限与远期期限相加一般不得超过90天；

(3) 进口押汇利率按银行当期流动资金贷款利率计收；

(4) 押汇百分比、押汇期限等由银行按实际情况决定；

(5) 进口押汇须逐笔申请，逐笔使用。

别人在为公司目前困境想办法的时候，我却走了神。对押汇的提议越发自信，而且还想到进口押汇对出口商至少有两点好处：

好处一：优化资金管理。

如进口商在遇到更好的投资机会，且该投资的预期收益率高于贸易融资的利息成本，使用进口押汇，既可保证商品的正常购买、转售，又可同时赚取投资收益，实现资金使用效率的最大化。

好处二：把握市场先机。

当进口商无法立即付款赎单时，进口押汇可以使其在不支付货款的条件下取得物权单据、提货、转卖，从而抢占市场先机。

因为我刚刚已经发过言了，现在不好再继续插嘴，我把这件事也记了下来，等待私下再提。

没想到，会议结束后的第二天，经理便来找我，谈押汇的事情：

"小美啊，我跟你们钱总商量了，他也认可你押汇的想法。这件事你就预备着办吧。"

还没等我兴奋完，经理又说："不过现在咱们急着用钱，还是先把账户里的一些外汇结汇掉吧。上次老板不是说了，让你把英镑结汇了吗？你现在就去办吧！"

这下，我顿时为难了："经理，这不是我不想办，是还差一些资料没到呢！"

我心里非常清楚，办理结汇所需材料至少要五种。

办理结汇所需材料明细

1. 外商投资企业外汇登记IC卡；
2. 资本金结汇所得人民币资金的支付命令函；
3. 资本金结汇后的人民币资金用途证明文件；
4. 会计师事务所出具的最近一期验资报告；
5. 前笔资本金结汇所得人民币按支付命令函对外支付的相关凭证及其使用情况明细清单及加盖公章或财务章的发票等有关凭证复印件。

目前这些明细材料四点都具备了，唯独会计师事务所出具的最近一期验资报告还没有寄过来。我已经打电话过去催了，对方说明天才能寄到。

经理听完，说："那也行。等明天报告到了，你就把英镑全部结汇到我们账户里吧。"

"这可不行啊！结汇到我们企业账户的，只能是五万美元以下的金额。"我脱口而出道。

经理听后脸色瞬间沉了下来，质问我原因。我连忙将结汇金额的限定向他解释了一番。

结汇金额以五万美元为限，五万美元以下的备用金（如发工资、办公费用等）结汇可以将结汇后的人民币存到企业自己人民币账户上。超过五万美元的需要提供用途证明（如买地、原材料、设备、办公用品的合同以及发票）才能结汇，而且结汇后的人民币要支付到交易对方账户，即使先存到企业自己人民币账户，也必须在两日内付出去。

经理听完我的解释眉头更加紧锁，语气也变得急躁："五万美元哪够用啊！现在雍州的供应商还等着我们付款呢，最少得两百万人民币！"

我忙安抚他："虽然不能结汇到咱们企业的账户，但是咱们可以拿着他们给的发票，直接结给他们嘛。您先让他们把发票寄过来，然后我就拿着发票给他们结汇去。"

经理这才平静："行，就这么办！"

足可见，一个业务精湛的出纳对于公司业务发展也是具有举足轻重的价值，所以我们不要小看自己哦！

这两件事让我忙得团团转，几乎没空看书了。那天晚上，就被钱宇凡给考倒了。他问我：

"小美，你知道什么叫售汇吗？"

我……我其实对这件事很熟悉，因为我经常做。但是让我说理论知识，却是一头雾水啊！

售汇对于公司而言是经常接触的业务。是指外汇指定银行将外汇卖给用汇单位和个人，按一定的汇率收取本币的行为。

从用汇单位和个人的角度来讲，售汇可以称为购汇。

我支支吾吾地回答了一些知识点，因为记忆不深刻，自己都觉得胡言乱语了。于是便赌气说："不说了！我最近忙得连看书的时间都没有，你考我，我怎么记得啊！"

钱宇凡看我有些着急，便揉了揉我的脑袋，给我讲了一个笑话：

新兵连点名时，任何时候点到名都要大声喊"到"。

那天班长点名，一位士兵声音太小。于是班长罚他对着围墙大喊100遍"到"。

士兵很听话，对着围墙撕心裂肺地喊："到，到，到……"

还没喊够20遍，令所有人没有想到的事情发生了。围墙突然倒塌，一辆货车车尾撞倒了围墙。紧接着从车上跑来一司机，指着那名士兵的鼻子说："你小子隔着一堵墙瞎指挥个啥，再让我倒车，连你小子也没命了！"

宇凡还是很有讲笑话的潜质，逗得我前仰后合。可是正当我还沉浸在欢笑之中，宇凡突如其来的一句话让我瞬间被击溃了！

他说："小美，既然工作这么累，要不你就去综合管理部吧？"

"什么？不让我做会计？"

宇凡默默点了头。

如此令人匪夷所思的事情他也说得出来。

我斩钉截铁地说：

"宇凡，你大脑进水了？让我放弃会计工作，这绝不可能！"

第五章

抉择！为了爱情决定辞职

通过本章，小美掌握了如下技能

- 岗位回避原则
- 出纳的交接工作
- 出纳一天的工作内容总结
- 出纳一个月的工作内容总结

 ## 意想不到的无奈辞职

去综合管理部，不再让我做财务工作了？

这对我而言几乎是晴天霹雳！

我才刚刚熟悉了国际结算的业务，为什么要换岗位呢！会计可是我的专业啊！

我推开钱宇凡，木着脸问他："你为什么这么提议？"

"公司最近有些关于我们的谣言，我不想听到这些谣言。这对你不利。"

"这是让我去综合管理部的理由？"我冷笑着说。

"我想和身边人公布我们的恋情，我真心要和你在一起。"宇凡说得很真诚。但我觉得他说的毫无逻辑性。

"我们在一起，和我调离岗位有必然的关系？"

宇凡没有再继续说下去，而是沉默许久。

我不能容忍他的沉默，急切地说：

"快给我一个合理的解释，我挚爱我这份工作，更珍惜这几个月来的付出和努力，无论是工作，还是我们之间的感情。你要清楚，我是不能放弃会计这份工作的！"

宇凡不敢直视我，他望向了窗外，话锋一转，语气似乎透着一丝无奈，强打着精神说："小美，那好吧。其实我……我想告诉你，我要辞职！"

我着实不能理解今天的宇凡，以及他毫无头绪关于辞职的话题。

"为什么要辞职？工作不顺心？还是遇到什么困难？难道你有了新的目标？"我十分清楚，宇凡现在是公司财务总监，从出纳到成本会计，到报表核算，到财务主管，再到现在的财务总监，一路走来，各种艰辛我想宇凡比我更清楚。为什么这个时候要辞职？之前从未听他说过，而且最近他也没参与任何应聘工作。

"我……我……"宇凡不停地摇头，显然说不出任何理由，"你执意留在财务部，那我只有辞职了。"

"宇凡，是不是你嫌弃我了。什么真心想和我在一起，分明是骗我的借口。或者是怕我影响到了你的事业，还是你压根就不爱我，怕我们的恋情被公开影响你目前事业！你这个自私的家伙！"我越说越气愤，一把推开了他。泪水在眼睛中打转，强忍着不让它落下。

宇凡被我推了一下，退后了几步，但还是向前一步紧紧地抱住我，在我的耳畔说出了一个令我万万没有想到的理由：

"财务制度的内部牵制制度和岗位回避原则！因为这个原则，我们之间必须只能有一人留在财务部。"

这个理由让我彻底无语，这个回避原则也彻底击垮了我！这真是一个只有在电影中才能出现的情节！

在单位内部任用出纳应该实行回避制度，即会计负责人或会计主管人员的直系亲属不得在本单位会计机构中担任出纳工作。这里需要回避的直系亲属如图5-1所示：

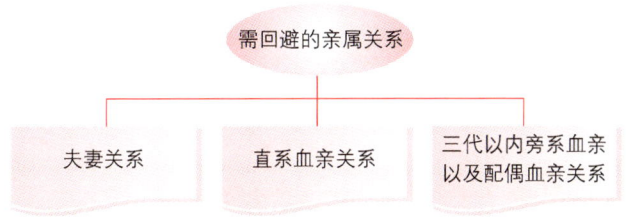

图5-1 需回避的亲属关系

我们算什么？夫妻关系？他对我们的感情充满了如此的自信与美好的憧憬。这也令我毫无准备。

但是事实就是如此。如果我们之间的感情想要开花结果，必然要面临其中一人离开财务部的结局！

刚才是我错怪了宇凡，他是因为我不想调离岗位才决定辞职，而我呢？为了他的事业，如果想继续在这家公司，只能选择调离财务部，放弃财务工作。

想到刚才那一幕，宇凡无奈地提出辞职，我倍感愧疚，诺诺地说："只有直系亲属才需要岗位回避呢。咱们又没有结婚……"

钱宇凡却把我抱得更紧了，让我感到那种窒息的快感："亲爱的，你是我的挚爱，好比是数字之于会计的不离不弃。我爱你，更要娶你。我不想永远让你做我的女朋友，而是妻子！"

我感受得到宇凡是由心而发，他激动的身体在颤抖。他继续说，"没有你的生活，如同财务人员失去会计准则，我的世界将会一片混乱！"

那一刻，我感觉我是世界上最幸福的人，是童话世界中最幸福的公主！

我再也说不出一句拒绝的话。我也绝不会因为我的固执和自私，让他放弃经过多年努力的事业。

无论未来怎样，我想我是不会在精典公司做财务工作了。我决定，既不放弃上天赐予我的宇凡，也不放弃我深深热爱的专业，唯有跳槽，离开精典公司！人生或许就是一场舍与得的过程。

选择离开，必然的交接

随后的一切都很顺利，我们的恋情正式公布，收到身边人的祝福的同时，我也提出了辞呈，并与小梦开始了工作交接。

财务交接工作是项十分严谨和严肃的事情。我按照范本填写交接内容。

出纳工作交接书

移交人：王美丽

接交人：孟梦

监交人：钱宇凡

因为辞职，出纳 王美丽 调离财务部，其工作由 孟梦 接替。需书面交接的事项如下：

（一）货币资金移交

1. 现金：2014 年 11 月 30 日，现金日记账余额 1 430.12 元，实存现金 1 430.12 元，双方清点核对无误。

2. 银行存款：2014 年 11 月 30 日。银行存款总账余额 3 348 323.21 元，银行存款日记账记录的各开户银行及账户余额合计 3 348 323.21 元，与总账相符。银行存款日记账各开户银行、账户、余额如下：

开户银行名称	账号	日记账余额	银行实际余额
（1）中国银行江北支行	0201020190833898	2 348 323.21	2 348 323.21
（2）工商银行	6453121325311211	1 000 000	1 000 000
合　计：		3 348 323.21	3 348 323.21

（二）印章

1. 法人章 1 枚。

2. 作废章 1 枚。

（三）空白票据

1. 银行票据

（1）现金支票：1001——1012 共 12 份。

（2）转账支票：2001——2018 共 18 份。

2. 收款收据

行政事业单位往来款收据 1 本 50 份：NO2901——NO2950

（四）账簿

1. 现金日记账 1 本。

2. 银行日记账 1 本。

3. 银行票据登记簿 1 本。

上述账簿，移交人已经在账簿的最后一笔余额处划上红线，加盖了移交人印章。

（五）其他事项

1. 保险箱钥匙 1 把，密码由接交人自己更换。

2. U 盾一枚，交接交人保管。

（六）本交接书一式 3 份，移交人、接交人各执 1 份，会计档案存档 1 份。

移交人：王美丽

接交人：孟梦

监交人：钱宇凡

二〇一五年五月三十一日

图 5-2　出纳工作交接书

小梦到来时，我将已经填写完毕的交接单交给小梦，然后带着她清点现金，查看银行账户，以及各种资料。

小梦十分不安："小美姐，你走了我可怎么办？"

我安抚她说："没事啦，你天赋比我好，学东西很有灵性，会轻松胜任的。"

小梦拉着我的手，不舍地说："小美姐，真心不希望离开你。"

人终究是感情的动物，虽然和小梦相处不长，但是面对无奈的离别，内心还是泛起了阵阵酸楚和感伤。

有羽毛的孔雀终有开屏的一天

交接的过程中，我将出纳一天之中以及一个月之中需要做的工作进行了总结（图5-3）。让小梦记录下来，希望对她有所帮助。

出纳工作总结	1. 办理银行存款和现金领取	2. 负责支票、汇票、发票、收据管理	3. 做银行账和现金账并负责保管财务章
	4. 负责报销差旅费	5. 员工工资的发放	6. 现金日记账和银行调节表编制

图 5-3　出纳工作总结

出纳一天的工作安排：

(1) 第一时间盘点库存和贵重物品；

(2) 向会计主管请示资金安排计划；

(3) 列出当天应当处理的事项；

(4) 按顺序办理各项收、付款业务；

（5）根据收付、转账凭证登现金、银行日记账结出当日余额；

（6）下班前清点库存现金，与现金日记账余额核对；

（7）将对账单与银行存款日记账进行逐笔核对；

（8）将多余现金存入银行；

（9）编制当天的现金、银行存款日报表并报送主管；

（10）锁好保险柜保证无资料遗漏或乱放现象。

交接工作完成后，我的离职申请也被批了下来。

那一天是个雨天，我不想惊动更多人，选择默默地离开公司。甚至没有惊动宇凡。

出乎我意料的是，宇凡早已在公司外的路灯下等我。我们相视一笑，然后他接过我的行李。

> **出纳每月的工作内容**
>
> 1. 办理银行存款和现金领取；
> 2. 支票、汇票、发票、收据管理；
> 3. 做银行账和现金账，并保管财务章（或法人章）；
> 4. 核对银行对账单，并进行挑账；
> 4. 报销差旅费的工作；
> 5. 员工工资的发放；
> 6. 其他事项。如银行开户、撤销账户或交纳其他费用。

我突然就想起了他向我表白的那一天。此情此景，终生不忘。

与他相识的过往片段再次浮现在我面前：

我们第一次见面时，他跟我说人生的付出与收获如同借与贷；

第一次犯错时，他为我力挽狂澜，挽回了公司的损失，保住我的工作；

我学习财务知识时，他每次看似捣蛋，却帮我一遍又一遍地梳理知识……

我突然抱住了他，在这绵绵的细雨里，我深情款款地说：

"宇凡，我爱你。为你做任何选择都值得！"

宇凡也紧紧地搂住了我，说："小美，我也是……我也是深爱着你。"

借用第一天见面时，钱宇凡跟我说的一段话——人生就好比是一场借贷关系。无论是爱情、事业，只要付出终会有回报。终究是"有借必有贷，借贷必相等"。

结束了出纳工作的我，感慨万千，我们付出的是一份又一份的不断努力，收获的便是越来越丰厚的财务经验。

有些人认为出纳着实没有技术含量，但从我的实际经验中可以知晓，绝非如此！万丈高楼平地起，做过了出纳，才能更好地做一名会计，进而是财务经理、财务总监，不是吗？

我不后悔过去几个月"青涩"的出纳经历。恰恰相反，我自豪于这一段经历！这是我成长的基石，小美会计的逆袭将会由此展开！

世上最珍贵的宝贝叫"未来"，我会将它小心翼翼地放在掌心，牢牢把握！

加油，小美，以及和小美一样的朋友们，我坚信：有羽毛的孔雀终有开屏的一天！